구원

그 이후

구원 그 이후

2020년 12월 30일 초판 1쇄 발행
2024년 11월 30일 초판 4쇄 발행

지은이 박영선
기획 강선
편집 문선형, 정유진
디자인 잔
경영지원 함초아
펴낸이 최태준
펴낸곳 무근검
주소 서울특별시 송파구 올림픽로 4길 17 A동 301호
홈페이지 lampbooks.com
이메일 book@lamp.or.kr **전화** 02-420-3155
등록 2014. 2. 21 제2014-000020호
ISBN 979-11-87506-59-1(03230)

이 도서의 국립중앙도서관 출판시도서목록(CIP)은 서지정보유통지원시스템
홈페이지(http://seoji.nl.go.kr)와 국가자료공동목록시스템
(http://www.nl.go.kr/kolisnet)에서 이용하실 수 있습니다.
(CIP제어번호:CIP2020050095)

무근검은 '하나님의 영광은 무겁고 오래된 칼과 같다'라는 뜻입니다.

구원
그 이후

박영선 지음

예수를 믿으면 천국 간다는 약속과 소망이 현실에서는 자주 힘을 잃습니다. 예수 안에서 구원과 사랑의 복이 허락되었으니 우리 삶은 기쁨과 넉넉함으로 채워져야 당연할 텐데, 현실은 막막하고 불안하고 혼란스럽습니다. 위기를 느껴 처음 고백을 되뇌고 각오에 찬 비장한 기도를 다시 올리지만 응답은 별로 없습니다. 이 현실은 대체 무엇입니까.

구원의 약속을 받은 우리는 충만과 완성을 향하여 이제 출발하였습니다. 감격스러운 고백과 결단은 시작일 뿐 이제 천국으로 나아가는 쉽지 않은 장거리 여행이 시작된 것입니다.

왜 어려움 가득한 이런 과정이 필요할까요. 우리의 믿음과 정성에 문제가 있어서가 아닙니다. 이 여정을 거쳐야만 내적으로 성숙하여 영광과 명예에 이르기 때문입니다. 이 과정을 통해서 안목, 분별, 통찰, 지혜를 얻게 되고 신앙 인격과 믿음의 실력이 형성됩니다.

신앙생활에서 중요한 질문은 '내가 무엇을 잘못했을까'가 아닙니다. 현실 속에서 우리는 자신이 알고 있는 답과 자기 실력의 괴리를 깨닫고는 좌절합니다. 그러나 여기서 실패와 절망을 뒤집어 반전하시는 하나님의 성실하심을 보게 됩니다.

성경이 강조하는 신앙의 덕목이 인내와 순종인 이유가 여기에 있습니다. 우리는 믿음을 갖고 기다려야 합니다. 믿음의 눈으로 성경을 펼쳐서 하나님의 일하심과 예수의 중요성을 그리고 현실의 도전을 다시 읽어 냅시다.

2020년 12월

박 영 선

일러두기

● 이 책은《구원 그 이후(1984)》의 개정판입니다.
● 이 책에서는 개역개정판 성경을 인용하였습니다.
● 성경을 인용할 때, 절의 전체를 인용한 경우에는 큰따옴표(" ")로,
  절의 일부를 인용한 경우에는 작은따옴표(' ')로 표기하였습니다.
● 본문에《 》로 표기된 것은 도서를, 〈 〉로 표기된 것은 도서 외 작품을 가리킵니다.

수준
확인

#01

/

1 내가 붙드는 나의 종, 내 마음에 기뻐하는 자 곧 내가 택한 사람을 보라 내가 나의 영을 그에게 주었은즉 그가 이방에 정의를 베풀리라 2 그는 외치지 아니하며 목소리를 높이지 아니하며 그 소리를 거리에 들리게 하지 아니하며 3 상한 갈대를 꺾지 아니하며 꺼져가는 등불 을 끄지 아니하고 진실로 정의를 시행할 것이며 4 그는 쇠하지 아니 하며 낙담하지 아니하고 세상에 정의를 세우기에 이르리니 섬들이 그 교훈을 앙망하리라 (이사야 42:1-4)

이 책에서는 많은 신자가 고민하는 신앙의 '성장'에 관하여 이야기합니다. 이 문제는 예수를 믿고 난 후 신앙생활을 하는 데 가장 큰 숙제거리입니다.

예수를 믿는 사람이 흔히 하는 나약한 생각이 있습니다. 믿는다는 고백이 아무런 힘이 되지 않는다는 생각입니다. 우리가 예배 시간에 고백하는 사도신경이 그렇습니다. '하나님이 천지를 창조하셨다고 믿는다. 그 아들 독생자 예수님을 믿는다. 그가 고난을 당하고 십자가에서 죽었음을 믿는다. 또한 그가 부활했음을 믿으며 나중에 심판이 있음을 믿는다.'

'예수 그리스도가 우리 죄를 위하여 돌아가셨고 그가 죽은 자 가운데서 부활하셨다'라는 놀라운 신앙고백을 하지만 실상 우리의 생활은 이 고백을 하지 않는 다른 사람들의 생활과 별 차이가 없습니다. 차이가 있다면 교회에 출석하고 헌금을 하는 정도일 뿐 우리의 생활을 돌이켜보면 부끄럽기 짝이 없습니다. 성경 말씀대로 살자고 말하는 것은 쉽지만 생각대로 되지 않습니다. 하나님을 믿고 말씀대로 살자고 다짐하는데도 정작 그렇게 살려고 하면 마음처럼 되지 않습니다. 이 문제에 대하여 생각해 보려고 합니다.

성경은 살인하지 말라고 합니다. 이 말씀에 공감합니까? 공감한다면 이유가 무엇입니까? '사람을 죽이는 것이 옳단 말인가?'라는 생각으로 공감하는 것입니까? 만약 그렇다면 도덕적이거나 윤리적인 판단일 수는 있지만 그것이 기독교는 아닙니다.

다른 질문을 하겠습니다. 부모를 순종하라는 말은 맞습니까, 틀립니까? 그 말은 맞습니다. 이 질문에 '그럼, 부모에게 순종하는 일이 옳지 않단 말인가?'라고 한다면 할 말이 없습니다. 그것은 성경 말씀에 비추어 보기 전에 윤리적으로 판단한 것이기 때문입니다. 바로 이 대목이 어렵습니다.

기독교는 우리가 납득해야 하는 대상이 아닙니다. 기독교에서 우리가 가장 부담을 느끼는 부분은 믿으라는 요구일 것입니다. 부담을 느끼는 표현임에도 믿으라고 말하는 것은 납득을 하도록 설명되지 않기 때문입니다. 우리는 신앙에 대해 납득할 만한 근거를 찾으려는 성향이 있습니다. 이런 점이 신앙생활 하는 데 어렵습니다. 우리가 납득할 수 있기 때문에 공감하고, 공감할 수 있기 때문에 믿는다면 그것은 믿음이 아니라 수학이나 과학을 대할 때와 같이 연구에 불과합니다. 이것이 신앙을 성장하지 못하게 만듭니다. 우리가 신앙생활 하면서 납득할 수 없는 부분에 이르면 더 이상 나아가지 못하기 때문입니다.

이사야 42장 3절 말씀을 봅시다. '상한 갈대를 꺾지 아니하며 꺼져가는 등불을 끄지 아니'하실 거라고 합니다. 성경이 우리에게 '살인하지 말라. 원수를 사랑하라'라고 할 때, 우리는 '그렇다. 우리가 예수를 믿는 사람들인데 뭔가 남다른 데가 있어야지. 살인을 하지 않는 정도가 아니라 원수를 사랑하는 경지까지 나아가야지' 합니다. 그런데 살인하지 말라는 명령에 대하여 '그럼 살인을 하는 게 옳단 말인가!' 하는 의미로 공감한다면, 원수를 사랑하라는 요구도 동일한 이유에서 공감하게 됩니다. '예수를 믿는 사람이면 그 정도까지는 해야지' 하고 말입니다.

그러나 이사야 42장 3절은 이런 우리의 생각이 잘못되었음을 시사합니다. '우리가 예수를 믿지만 다른 사람보다 나은 것이 무엇이냐. 그러니까 원수를 사랑하는 자리까지 가야지' 하는 우리 생각에 대하여 '살인하지 말라고 요구받는 너희가 어떤 처지에 있는 자들인 줄 아느냐? 너희는 상한 갈대다'라는 것입니다. '상한 갈대'라는 표현으로 우리를 설명합니다.

갈대는 황무지에서 자랍니다. 황무지는 농사지을 수 없는 버려진 땅, 저주받은 땅입니다. 농사를 짓지 않는 사람은 갈대를 아름다운 자연으로 여길 수 있지만, 아마 농부에게 갈대는 보기 싫은 풀 중 하나일 것입니다. 갈대가 싫은 것이 아니라 갈대가 돋아나는 땅이 그렇습니다. 그들에게 갈대는 생각만 해도 눈살이 찌푸려지는 풀입니다. 게다가 상한 갈대라고 했으니 가장 저주받은 모습을 상징합니다. 즉 상한 갈대는 하나님을 떠나 저주받은 자리에 있는 부패된 죄인의 모습을 묘사합니다. 성경은 인간을 상한 갈대로 묘사합니다. 그런데 하나님은 상한 갈대를 꺾지 않으신다고 합니다. 완전히 부러뜨려 뽑아 버리지 않으신다고 합니다.

'꺼져가는 등불'은 어떠합니까? 등불은 기름이 없으면 꺼져 가지만 바로 꺼지지는 않습니다. 마지막으로 심지가 다 타고 난 다음에 꺼집니다. 심지가 탈 때 등불은 꺼져 갑니다. 등불은 방 안을 밝히기 위해 걸어 두는 것인데 심지가 탈 때는 불빛이 나지 않고 연기만 납니다. 도움을 주기보다 냄새가 나고 눈을 아프게 하는 매연으로 피해만 줄 뿐입니다. 하나님은 그런 심지를 끄지 않으십니다. 그것은 뉘두기만 해도 곧 꺼집니다. 그런 등불을 끄지 않으신다는 것은 꺼져 가는 것을 방치하지 않으신다는 뜻입니다.

하나님이 '살인하지 말라. 원수를 사랑하라'라고 말씀하시는 그 대상, 바로 우리가 상한 갈대며 꺼져 가는 등불이라고 합니다. 우리에게 '온 누리를 비춰라. 너희는 세상의 소금이요, 세상의 빛이니라'라고 하시면서도 '너희는 상한 갈대요, 꺼져 가는 등불이라'라고 지적하십니다. 연결이 되지 않습니다. '너희는 세상의 소금이라. 너희는 세상의 빛이라'라고 하신 하나님이 우리를 꺼져 가는 등불과 상한 갈대라고 선언하십니다.

하나님이 우리에게 하시는 요구는 우리가 이행하기에 불가능한 일들입니다. 바로 이 점을 생각해야 합니다. 하나님이 우리에게 '살인하지 말고 원수를 사랑하라'라고 하시는 명령은 우리가 그것을 성취할 만해서 하시는 요구가 아닙니다. 혹시라도 이렇게 이해하는 신자들에게는 신앙이 설 자리가 없습니다. 살인하지 말라는 명령을 도덕적 당위이기 때문에 이행할 수 있다고 이해한다면 아직도 신앙이 무엇인지 모르는 것입니다. 신앙이란, 자신이 절대 할 수 없음을 느끼고 갈등을 겪는 사람에게 생겨나는 것입니다.

프로야구팀과 초등학교 야구팀이 시합을 벌인다고 합시다. 싸우나마나 한 경기입니다. 그런데 시작하기 전에 하나님이 초등학교 팀에게 "걱정 마라. 너희가 더블스코어(double score)로 이긴다"라고 약속했다고 가정해 봅시다. 그 약속 하나만 믿고 경기에 나갔는데 1회 초에 240점을 잃습니다. 1회 말 초등학교 팀이 공격할 차례가 되었을 때 그들이 더블스코어로 이긴다고 했으니까 1회 말에 480점을 낼 것이라고 생각했는데 1회 말 공격은 해 보지도 못하고 3초 만에 끝나고 맙니다. 9회 초 공격이 끝난 시점에서 2억 4천만 대 영의 스코어가 되었습니다. 하나님이 이기게 해 주겠다고 하신 약속에서 우리가 기대하는 것은 기가 막힌 안타와 수비력입니다. 그런데 그것을 허락해 주지 않으셔서 도저히 따라잡을 수 없는 점수 차가 나고 말았습니다. 이제 어찌할 바를 모를 정도입니다. 9회 말에 이르자 그래도 기대를 품고 나갔는데, 1번 타자 3진, 2번 타자 3진, 3번 타자는 투 스트라이크 노볼입니다. 절체절명의 순간입니다. 하나님은 분명 그들에게 두 배의 점수 차로 이기게 해 주신다고 말씀하셨습니다.

이쯤 되면 우리는 '믿은 게 잘못이지' 또는 '하나님이 이기게 해 준다고 했으니 그래도 기대를 걸어야지' 중 하나로 생각할 뿐, '어디 그럼 하나님이 어떻게 하시나 보자' 하는 데까지는 생각이 미치지 못합니다. 신자 대부분이 이런 갈등에 이르지 못합니다.

나는 해낼 수 없는 상황에 놓여 있는데 하나님은 내가 도저히 도달할 수 없는 지점을 약속하셨다는, 그 꿰어 맞출 수 없는 출발선과 결승선 사이의 차이에서 오는 갈등이 없습니다. 이 갈등이 우리 마음에 있어야 합니다. 하나님이 나에게 약속하시고 선언하신 목적지와 그것을 이룰 수 없는 나의 상태가 너무도 이율배반적이고 도저히 연결될 수 없어서 느끼는 황당함으로 고민하는 갈등이 있어야 합니다. 이 갈등이 없는 자에게는 신앙이 설 자리가 없습니다.

신자 대부분이 타협하고 삽니다. '삼진 당하지 않고 플라이아웃으로 잡힌 것만으로도 다행이야. 저 유명한 선수의 볼을 내가 건드린 게 어디야' 하면서 넘어갑니다. 이런 생각으로 회피합니다. 하나님이 나에게 허락하신 목적지와 나의 상태를 연결할 수가 없어 이 갈등 속에서 고민하느니 내가 할 수 있는 것과 하나님이 나에게 요구하시는 것 사이에서 적당히 타협하고 살아갑니다.

이렇게 타협합니다. '주일날 예배드려 주기, 십일조 바쳐 주기, 하나님은 복 내려 주기, 그다음에는 서로 건들지 말기.' 마치 마피아가 구역을 나눠 먹기 하는 것과 같습니다. "하나님, 제가 예배는 드리겠습니다. 십일조도 바치겠습니다. 그 대신 제게 말도 안 되는 요구는 하지 마십시오. 저를 주의 종으로 삼는다든가, 영광과 존귀로 관을 씌워 준다든가 하면서 골치 아프게 하지 마십시오. 제가 죽으면 천국에나 보내 주시는 걸로 정리합시다." 갈등을 싫어하는 모습입니다. 믿음에 대한 갈등이 없습니다. '이것이 정말일까?' 하는 의문이 없습니다. 내가 정말 이것을 믿을까, 말까? 이렇게 살 것인가, 말 것인가? 이것이 정말 가당한 것일까?'라는 회의도 품지 않습니다. 이 정도로 우리는 면역되어 있습니다. 내가 꺼져 가는 등불이며 상한 갈대임에도 불구하고 하늘나라에 갈 것이라는 약속이 이해되지 않으니까 의문도 버리고 갈등도 버리는 이상한 지점에서 대강 눈 감고 외면하고 살기로 결심해 버립니다. 그러나 하나님은 외면하지 않으십니다.

세계육상선수권대회에서 칼 루이스가 100미터를 10초 7에 뛰어 3관왕을 차지했습니다. 그런 그를 이길 방법이 있습니다. 그가 출발선 100미터 뒤에서 출발하고 제가 결승선 1미터 전에서 출발하면 물구나무를 서서 가도 이길 수 있습니다. 그런데 모든 시합에는 중요한 약속이 있습니다. 동일한 출발선에서 출발해야 한다는 것입니다. 약속된 출발 지점이 없는 골인 지점이란 없습니다. 그런데 신자들은 출발 지점이 어디인지를 모릅니다. 그래서 신앙생활 할 때 방향을 잃어버립니다. 살인하지 말라는 성경 말씀을 어떻게 받아들이는지 보면 알 수 있습니다. '그런 몹쓸 짓을 하다니! 하지 말아야지!' 하는 식으로 생각한다면, 단지 도덕성 때문에 명령을 지키는 것입니다. 만약 하나님이 도덕적인 이유로 살인하지 말라고 요구하시는 것이라면 아마 저는 그 명령을 지키지 않을 것입니다. 신자는 도덕성 때문에 하나님의 명령을 지키는 것이 아닙니다.

세상에는 죽어 마땅한 사람이 많은데, 제가 그들을 없애 버리지 않는 이유는 거룩해서가 아닙니다. 하나님이 하지 말라고 하셨기 때문에 참고 있는 것입니다. 도덕성 때문에 참는 것이 아니라 하나님이 나의 주이시며 대장이시기 때문에 대장 앞에서 꼼짝 못하는 것뿐입니다. 납득이 되어서 따르는 것이 아니라 하나님 앞에 꼼짝을 못해서 따르는 것입니다. 하나님이 하지 말라고 했는데 어떻게 합니까? 제가 하나님이라면 싹 쓸어버릴 텐데 하나님은 그렇게 하지 않으십니다. 그래서 저는 할 수 없이 참고 있습니다.

저는 납득이 되기를 기다리지 않습니다. 그분을 믿을 뿐입니다. 하나님이 언제나 옳다는 생각으로 믿습니다. 원수를 사랑하라고 하셨습니다. 저는 원수만 보면 배 속에 회충이 살아나는 것 같습니다. 그런데 하나님이 참으라고 하셨기에 할 수 없이 참습니다. 거룩해서 참는 것이 아닙니다. 저는 저를 잘 압니다. 거룩하지 못하다는 것을 압니다. 제가 '꺼져가는 등불'임을 압니다. 오늘도 저를 살펴보면 좌절할 것밖에 없습니다. 모골이 서늘해지는데도 하나님이 참으라고 하셨기에 이를 악물고 참습니다. 내가 납득한 것이 내 신앙의 근거가 아닙니다. 이것은 권위와 관련된 것입니다. 저는 다만 권위에 복종할 뿐입니다. 하나님이 나의 주인이 되셨기 때문입니다.

하나님이 어떻게 나의 주인이 되셨는지는 모릅니다. 어느 날 보니까 하나님이 나의 주인이 되어 있었습니다. 제가 주인으로 삼은 것이 아니라 어느 날 하나님이 제 머리를 밟고 계셨음을 알았습니다. 결과만 알고 있을 뿐 원인이나 방법을 모릅니다. 그래서 저는 겸손할 수밖에 없습니다. 그분이 제 머리를 밟고 계시기에 저는 좌절하지 않습니다. 제가 제 스스로를 버릴 수도 없습니다. 그분이 저를 밟고 있는 한, 그분 발밑에서 저를 빼앗아 갈 자가 없습니다. 이것이 신자가 알아야 하는 신앙의 출발 지점입니다.

원수 사랑은 제가 도달할 수 없는 지점입니다. 그러나 하나님은 늘 웃으시면서 원수를 사랑하라고 하십니다. 하나님은 저를 알고 계십니다. 원수만 보면 이를 가는 저를 아십니다. 제가 이를 갈 때마다 그분은 웃으시면서 원수를 사랑하라고 말씀하십니다. 그래서 저는 이렇게 생각하게 되었습니다. '언젠가는 사랑하게 되겠지. 나는 못하지만 그분이 하라는데, 하라고 하신 분이 어떻게든 하게 해 주시겠지. 꺼져 가는 등불을 끄지 않는 분이 어떻게 해결하시나 보자.' 이것이 저의 배짱입니다. 그래서 저는 원수를 만나면 '저 원수를 언제 없애

버리나' 하고 생각하지만 그 생각을 밖으로 꺼내지는 않습니다. 하나님 안전(眼前)이기 때문입니다. 이것이 제가 스스로를 컨트롤하는 방법입니다.

신자 대부분이 좌절할 수밖에 없는 자리와 그 자리에서 요구받는 명령 사이의 간격을 생각하지 않습니다. 내가 할 수 있다고 생각하는 자리에서 출발한 자는 목적지에 도달하지 못합니다. 돌아오는 것은 좌절밖에 없습니다. 좌절에서 출발한 사실을 모르는 사람은 스스로를 은폐하고 살 수밖에 없습니다. 이는 신앙생활을 제대로 시작하지 못하게 하려는 사탄의 작정입니다. 출발 지점을 찾을 수 없게 만듭니다. 끙끙거리면서 자신의 출발 지점을 찾지 못하니 하나님 앞에 빌지도 못합니다. 또 내 힘으로 목적지까지 갈 수 있을 것이라는 허황된 생각 속에서 이러지도 저러지도 못하고 시간을 허비하면서 문제를 외면한 채 살아갑니다.

우리는 그런 자들이 아닙니다. '상한 갈대요, 꺼져 가는 등불'에서 출발해야 합니다. 하나님이 우리를 아십니다. 우리로부터 출발한 것으로는 절대 목표 지점에 도달할 수 없음을 우리 스스로 확인하게 하십니다. 우리는 성경이 말한 출발 지점을 확인하고 갈등을 겪기보다는 오히려 그것을 외면하고 하나님이 요구하시는 일은 포기하더라도 자존심 상하는 일은 하기 싫어하는 고집쟁이입니다. 내가 사회에서 매장당하고 창피를 무릅쓰더라도 그런 나의 생애로 하나님이 영광을 누리시기를 바라기보다, 알량한 자존심으로 나를 감추고 하나님이 드러내신 진리를 왜곡합니다. 이것이 우리 모두의 약점입니다.

저는 지난달 철야 기도 때부터 허리가 아프기 시작하더니 일주일 동안 다리가 불편했습니다. 그때 저는 '하나님, 테니스만은 치게 해 주십시오'라고 기도했습니다. 저는 저를 알기 때문입니다. 테니스를 쳐야 목사직을 감당할 수 있습니다. 역량이 없는 사람이 목사를 하려니까 감당하기 어려운 때가 많습니다. 주께서 주신 말씀을 감당하지 못해서 어제도 잠을 설쳤습니다. 말은 전해야겠는데 어떻게 전해야 할지 몰라 쩔쩔매는 안타까움을 아십니까? 울어서 전달된다면 울고 싶습니다. 하나님이 우리에게 요구하시는 사랑과 그분이 우리에게 갖는 안타까움을 어떻게 대변해야 할지, 이 약한 심성과 역량으로는 감당할 수가 없습니다. 성도에게서 안타까운 이야기를 듣고 기가 막힌 상황을 접할 때마다 어떻게 해야 할지를 모르겠습니다. 테니스라도 쳐야 간신히 견딥니다. 이런 솔직한 심정을 이해하십니까?

바둑 두는 사람들은 어떤 사람들보다도 머리를 많이 씁니다. 그래서 바둑 고수들은 대국 전날 바둑 책도 안 봅니다. 그날은 오히려 마작을 하든지 포커를 치든지 오락을 하면서 되도록 바둑 생각을 하지 않습니다. 가능한 한 다른 일로 머리를 씁니다. 다음 날부터 바둑에만 신경을 써야 하기 때문에 미리 바둑으로 기력을 소진하지 않기 위해서라고 합니다.

저도 공감하는 내용입니다. 제가 아픈 몸을 이끌고 하나님 앞에 '하나님, 주일만 이끌어 주십시오'라고 하는 것은 아직 제 수준의 기도가 아닙니다. 제가 하나님의 엄청난 사역을 감당하기 힘들기에 테니스만은 치게 해 달라고 기도하는 것입니다. 이렇게 고백하는 이유는 제가 저를 잘 알기에 이를 확실히 알리기 위해서입니다. 목사는 신자들 앞에 하나님을 대변하는 사람입니다. 신성한 일의 대변자입니다. 그래서 훨씬 훌륭하고 모범이 되어야 합니다. 다른 사람들보다 언행과 심성이 훌륭해야 합니다.

한편으로는 하나님이 부르신 사람 중에 괜찮은 조건을 가진 사람은 아무도 없음을 증명하는 직업이 목사이기도 합니다. 물론 목사는 많은 부분에서 남들보다 더 열심히, 더 경건하게 살고 하나님을 더 사랑하고 하나님에게 더 충성하여 성도들에게 본보기가 되어야 합니다. 동시에 우리 모두가 '상한 갈대와 꺼져 가는 등불'로 하나님 앞에 부름받아 나온 보잘 것 없는 존재임을 기억하게 해 주는 사람입니다. 좌절할 수 없음을 깨닫도록 돕는 사람입니다. 하나님이 '내가 너희를 영광과 존귀의 자리로 불렀노라'라고 하신 말씀은, 우리가 그 자리에 도달할 자격이나 능력이 있지 않음을, 그것은 우리가 싸워서 쟁취해야 할 열매가 아님을 먼저 가르쳐 줍니다. 목사는 그 부분에서 한 걸음도 앞서 있지 않습니다. '하나님, 이제 제가 꺼져 가고 있습니다. 제 심지가 거의 다 타 버렸습니다. 도와주십시오'라는 기도가 나와야 합니다. 하나님이 *끄지 않겠다*고 하신 말씀을 근거로 하는 기도입니다.

우리에게 영광과 존귀로 관을 씌우겠다고 하셨습니다. 이것을 믿어야 합니다. 어떻게 하실지 우리는 모르지만 하나님은 그렇게 약속하셨습니다. 이런 배짱이 있습니까? 이것을 신앙이라고 합니다. 이렇게 적용하지 않을 사람은 예수 믿을 필요가 없습니다. 이런 신앙이 아니면 자기기만, 자기최면, 자기 위로에 불과합니다. 단지 기독교라는 종교를 가져서 평정심을 얻고 싶은 정신적 도피에 불과합니다.

예수를 믿는다는 것은, 우리에게 약속하신 하나님의 능력과 그분의 방법에 삶을 맡기는 것을 의미합니다. 하나님은 보잘것없는 자리에 있는 우리를 부르셨습니다. 우리가 잘난 자리에 있을 때 부르지 않으셨습니다. 또한 지금 우리가 서 있는 자리는 출발점이 아닙니다. 하나님이 이미 시작하셔서 우리를 끌고 오신 중간 지점입니다. 어디서부터 끌고 오셨는지를 돌아볼 필요가 있습니다.

이제 하나님 앞에 우리의 출발 지점을 고백해야 합니다. '하나님, 저는 이렇습니다. 도와주십시오. 거기서부터 하나님이 저를 인도하셨습니다. 하나님이 시작하셨습니다. 지금 제가 여기까지 온 것은 은혜입니다'라는 고백이 있어야 합니다. 하나님 앞에 삶을 과감하게 맡길 수 있는 결심이 있어야 합니다. 이 결심이 없다면 죽는 날까지 생을 허비할 것입니다. 그런 불행도 없습니다. 목적지에 도달하기 위해 오늘 내가 어디에 있는지를 알아야 하며 목적지를 향해 어떻게 가야 할지를 알아야 합니다. 그 길은 하나님이 이끄실 것입니다. 이는 신자에게 당연히 요구되는 배짱입니다. 이 약속을 받지 않은 자들은 그 길이 두렵겠지만, 신자에게는 한없는 위로입니다. 하나님이 우리를 인도하여 목적하신 자리로 이끄신다는 약속보다 더 큰 위안과 자랑은 없습니다.

지금 어떻게 살고 있습니까? 하나님을 하나님으로 믿고 있습니까? 아니면 자신을 믿고 삽니까? 도덕적 당위와 나의 생각에서 출발한 기독교 신앙으로 살고 있지는 않습니까? '하나님 제가 이 꼴인데도 그런 약속을 선포하십니까?' 하는 아우성이 없는 사람은 아직 신앙이 무엇인지 모르는 사람입니다. 좌절할 일이 아닙니다. 이 지점이야말로 신앙으로 들어가는, 필연적으로 지나야 하는 관문입니다. 여기를 통과하십시오. 이 자리는 불신앙의 자리가 아닙니다. 나를 버리고 하나님 품에 뛰어들기 전에 딛는 디딤돌입니다. 또한 우리에게 복된 자리입니다. 이것이 신앙의 새로운 출발 지점이 되고 새로운 힘이 된다는 사실을 성경이 증명합니다. 이 신앙을 시작하십시오.

자의식

#02

/

1 그러므로 우리가 그리스도의 도의 초보를 버리고 죽은 행실을 회개
함과 하나님께 대한 신앙과   2 세례들과 안수와 죽은 자의 부활과 영
원한 심판에 관한 교훈의 터를 다시 닦지 말고 완전한 데로 나아갈지
니라   3 하나님께서 허락하시면 우리가 이것을 하리라 **(히브리서 6:1-3)**

이번 장에서는 신자가 자주 하는 오해와 착각을 살펴보고 신앙이 성장할 때에 어떤 문제로 방해를 받는지, 그것을 극복하기 위해 신자로서 어떤 자의식을 가져야 하는지 살펴보겠습니다.

예수 믿는 사람들이 좌절하는 것은 예수를 믿는데도 불구하고 믿는 사람답지 않다는 나약한 생각 때문입니다. 예수 믿는 사람은 적어도 이 정도는 되어야 한다는 선입관이 신자에게 도움이 되기보다 손해를 끼치곤 합니다. 우리가 실망할 때 내뱉는 말 중 하나가 이것입니다. "예수 믿는 사람이 뭐 그래!"

성경은 신자의 신분이나 약속을 도덕적 차원에서 확인하라고 한 적이 없습니다. 그런데 우리는 믿는 사람답지 못하다는 말을 들을 때 신앙생활에 영향을 받습니다. 예수 믿는 사람답게 살지 못하니까 '척'이라도 해서 이 문제를 해결하려고 합니다. 기도 많이 하는 척, 고민 없는 척, 믿음 생활을 정당하게 하는 척을 합니다. 교회에 나올 때도 그럴 듯한 얼굴을 하고 나옵니다. 그 외의 문제들은 서로 건드리지 않는 것이 예의라고 생각합니다. 마치 신자들은 서로 속 깊은 이야기를 하지 않는 것을 불문율로 약속한 사람들 같습니다. 믿음 생활에 대해서 물어보면 서로 곤란해집니다. 서로 아픈 곳은 건드리지 말자는 묵계입니다.

혹은 예수 믿는다고 해 봤자 다 똑같으니, 속은 썩었는데 겉만 번지르르하게 살지 말고 아예 솔직한 것이 낫다는 식으로 삽니다. 둘 중 나은 쪽은 없습니다. 둘 다 신자가 어떤 존재인지 알지 못해서 생긴 결과입니다. 예수를 저버리지는 못하겠고 믿는 모습이 스스로 만족스럽지 못해 자기 위안을 하는 것입니다.

가식을 떠는 것도 널브러져 있는 것도 마찬가지입니다. 눈물이 날 정도로 안타까운 진심은 바로 뒤에 숨어 있습니다. '하나님, 저는 이만큼 하고 싶습니다. 그런데 그렇게 되지 않기에 이렇게 척이나 하고 있는 것입니다.' 이런 안타까움이 깔려 있습니다. 널브러져 있는 태도도 마찬가지입니다. '하나님, 저라고 이러고 싶은 줄 아십니까? 정말 이러고 싶었다면 아예 교회를 안 나왔을 것입니다. 잘하고 싶은데 안 되고, 그렇다고 아닌 척하고 살 수는 없으니까 이렇게 표현하는 것입니다.' 이런 진실이 숨어 있습니다. 이 싸움은 우리를 괴롭히는 자의식에서 오는 갈등입니다. 이 문제를 풀지 않는 한 계속 여기서 맴돌고 아우성치다가 세월을 다 보냅니다. 이것이 신자의 현주소입니다.

목사는 신도를 위로하는 직책이 있기 때문에 여러 곳에서 기도 요청을 받습니다. 그때마다 '하늘에 있는 것, 땅에 있는 것, 물속에 있는 것 등 모든 것을 다 주십시오'라고 기도를 합니다. 그러면 신자는 이렇게 생각할지도 모릅니다. '웃기고 있네, 목사님은 온갖 좋은 소리만 하시는군. 헛수고하지 말고 빨리 가십시오. 내가 예수 믿는 최소한의 양심으로 목사 대접은 해 드릴 테니 기분 나빠지기 전에 빨리 가십시오.' 이것은 나쁜 마음이라기보다 그 기도에 담긴 복을 받고 싶은데 자신의 처지가 그럴 만하지 못하다는 마음에서 나온 생각입니다. 그 갈등을 이기지 못하여 속으로 외치는 것입니다.

서로 체면 세우며 살자고 하는 근거가 과연 무엇입니까? 신자는 완전한 사람으로 출생하지 않았다는 사실을 모르기 때문입니다. 신자가 되었다는 것은 완전하다는 표가 아닙니다. 고린도전서 1장 2절을 봅시다. "고린도에 있는 하나님의 교회 곧 그리스도 예수 안에서 거룩하여지고 성도라 부르심을 받은 자들과 또 각처에서 우리의 주 곧 그들과 우리의 주 되신 예수 그리스도의 이름을 부르는 모든 자들에게" 쓴 바울의 편지입니다. 사도 바울이 쓴 편지에서 그 대상을 어떻게 부르는지 봅시다. '하나님의 교회, 그리스도 예수 안에서 거룩하여진 성도'라고 합니다. 이보다 더 아름답고 귀한 명칭이 있습니까.

고린도전서 3장 1절을 봅시다. " 형제들아 내가 신령한 자들을 대함과 같이 너희에게 말할 수 없어서 육신에 속한 자 곧 그리스도 안에서 어린 아이들을 대함과 같이 하노라." 여기서 형제들은 누구입니까? 바로 '하나님의 교회이고 그리스도 예수 안에서 거룩하여진 성도'들입니다. 그런데 바울은 이들을 '신령한 자들로 대할 수 없다'라고 합니다. 여기서 호칭과 수준을 구별해야 합니다. 성도는 거룩한 자를 뜻하는데, 성도라 불린 이들이 신령하지 않다고 합니다. 육신에 속해 있기 때문입니다.

다시 고린도전서 5장 1절을 봅시다. "너희 중에 심지어 음행이 있다 함을 들으니 그런 음행은 이방인 중에서도 없는 것이라 누가 그 아버지의 아내를 취하였다 하는도다." '하나님의 교회이고 그리스도 예수 안에서 거룩하여진 성도들아, 너희가 음행까지 저질렀냐' 하고 질책하는 말씀에서 그들을 부르는 호칭과 그들의 수준을 구별해서 생각해 봅시다.

고린도전서 6장 5절입니다. "내가 너희를 부끄럽게 하려 하여 이 말을 하노니 너희 가운데 그 형제간의 일을 판단할 만한 지혜 있는 자가 이같이 하나도 없느냐." 그들을 부끄럽게 하려고 이 편지를 쓴다고 합니다. '너희는 욕먹어도 싸다. 부끄러움을 당해야 마땅한데, 하나님의 교회, 그리스도 예수 안에서 거룩하여진 성도로 불리고 있다'라는 것입니다. 우리가 이해하기 어려운 부분입니다.

《벌거벗은 임금님》이라는 동화에서 임금님은 가장 못난 사람이자 수치를 당하는 주인공으로 등장합니다. 그런데 임금님이 벌거벗었다고 아무도 입 밖에 내지 못하는데 누가 말합니까? 어떤 꼬마가 이렇게 외칩니다. "임금님이 벌거벗었다!" '저 창피한 사람이 벌거벗었다'라고 하지 않습니다. 벌거벗었을지언정 임금은 임금입니다. 신자가 갈등을 겪는 부분입니다. 우리는 '벌거벗은 성도'들인데 벌거벗은 모습 때문에 자신이 성도가 아니라고 생각해 버립니다. 그러나 '벌거벗은 성도'가 성경이 말하는 우리의 현주소입니다.

《왕자와 거지》라는 이야기에서는 거지가 왕자로 오해되어 왕궁 속에 살게 됩니다. 그는 왕궁 생활을 해 본 적이 없어서 옥새를 어떻게 쓰는지 모릅니다. 옥새로 호두를 까먹고 식사 후에는 손 씻는 물을 마십니다. 신하들은 왕자가 하자는 대로 해야 했기 때문에 왕자를 따라합니다. 어쨌든 그는 왕자인 것입니다. 어제까지만 해도 시궁창에서 자라난 소년을 떠올려 봅시다. 그는 악하고 거칠고 무례하고 더럽습니다. 말투도 삶의 목적도 그렇습니다. 할 줄 아는 것이라고는 거짓말과 소매치기와 남을 괴롭히고 남에게 손해를 끼치는 것뿐입니다. 그런데 임금이 그를 왕자로 삼았다고 생각해 봅시다. 왜 그를 왕자로 삼았는지 이유는 모르지만 어쨌든 그는 왕자가 되었습니다. 그가 거지처럼 하고 다닐 때는 모든 사람이 그를 괄시했습니다. 동네에서 힘이 센 왕초들이 그를 두들겨 팼습니다. 거지 꼬마는 동네 왕초들에게도 터지고 사람들 앞에서도 도망 다녀야 했습니다. 그런 그를, 최고 권세를 가진 왕이 왕자로 삼은 것입니다.

모두가 그에게 굽실거립니다. "왕자님!" 하고 부르며 그가 지나가기만 하면 허리를 숙입니다. 모두가 "왕자님, 식사는 하셨습니까?" 하고 인사합니다. 하루아침에 하늘과 땅이 바뀌듯 거지의 신분이 바뀌었습니다. 그런데도 그는 거지로 살았을 때의 버릇이 남아 모든 이름 뒤에 '새끼'를 붙입니다. '형 새끼, 아우 새끼' 합니다. 그런 태도를 보여도 신하들은 이제 그의 신분을 의심하지 않습니다. 이렇게 생각할 수는 있습니다. '왕도 참 딱하지. 이런 사람을 왕자로 세우다니.' 그래도 어쩌지는 못합니다. 만약 왕자에게 손가락이라도 까딱했다가는 왕자에게 터지는 정도가 아니라 왕으로부터 큰 곤욕을 당할 것입니다. 그것은 왕의 권위에 대한 도전이기 때문입니다. 왕자에 대한 불만을 토로하는 것은 왕자를 세운 왕 앞에 해서는 안 되는 일입니다.

신자의 현실도 마찬가지입니다. 우리가 왕의 신분으로 부름을 받은 것과 현실에서 오늘을 살아가는 모습은 거리가 멉니다. 우리는 분명 왕자입니다. 그리스도 예수 안에서 구원 얻은 모든 사람이 왕 같은 제사장입니다. 다만 위 예화에서처럼 왕답지 않을 수 있습니다. 어제까지 해 오던 버릇을 어떻게 하루아침에 버리겠습니까. 침대에서 자는 것보다는 바닥에서 자는 것이 더 편합니다. 궁궐에서 쓰는 말투보다 거리에서 쓰는 말투가 훨씬 익숙합니다. 식탁에 아무리 맛있는 요리가 있어도 식탁 앞에 앉아 있는 것조차 불편합니다. 불안하고 어색합니다.

여기에 또 한 가지 어려운 점이 있습니다. 스스로가 왕자라는 사실이 믿어지지 않는 것입니다. 전혀 왕자답지 않기 때문입니다. 많은 신하가 나에게 굽실대고 환경이 전부 바뀌었는데도 내 말투나 행동에 변한 것이 하나도 없습니다. 예전과 똑같이 생각하고 느낍니다. 여기서 버릇이 더 나빠질 수도 있습니다. 이제 자기가 명령하면 누구든지 복종한다는 것을 알고 버릇없는 망나니가 됩니다. 망나니처럼 구는 신자가 많습니다. 무엇이든 요구하면 다 얻어지고 싫으면 퇴치할 수 있다고 생각해서 영적 망나니가 되어 버립니다.

또는 자조적인 사람이 되어 버립니다. 하나님이 자기를 왕자의 신분으로 세워 주셨기 때문에 대접을 받는다고 생각하지 않고 '이 수준인데도 사람들이 굽실거리는구나' 하고 생각합니다. "야, '국무총리랑 장관들아, 이리 오너라!' 해도 오더라"라고 자랑하면서 이것을 원래 자기 수준이나 능력에서 할 수 있는 것으로 생각합니다. '기독교란 별 게 아니야. 기도만 하면 돼. 십일조만 내면 하나님이 꼼짝 못하시는데 뭘. 내가 헌금하면 열 배로 돌아오는데 왜 그걸 못 내겠어?'라고 생각하기 시작하면 걷잡을 수 없게 됩니다. 모두를 괄시하게 되며 모든 것을 쉽게 생각하게 됩니다. 이는 우리가 어떤 은혜를 받았는지를 놓쳤기 때문에 하는 망령된 생각입니다. 이것이 예수를 믿는 데에 가장 어려운 싸움일 것입니다. 정당하게 돌아오십시오. 우리가 누리는 권리와 복이 있다면, 그것은 우리의 신분 때문이지 우리의 수준 때문이 아님을 명심합시다.

하나님은 우리에게 자녀라는 신분을 허락하셨습니다. 그 신분을 가지고 어린아이에서부터 장성한 어른으로 자라 갈 것을 요청받습니다. 영적 유아기에서는 '주옵소서'밖에 모릅니다. 신자로서의 보람이나 가치를 따지지 못합니다. 하나님으로부터 주어지는 복이나 은혜 외에는 보지 못합니다. 이 시기를 벗어나면 의미를 따지는 시기가 옵니다.

하나님을 믿는 것이 도대체 어떤 의미인지를 따지게 됩니다. 하나님을 믿는 것에 어떤 가치가 있으며 나는 어떻게 살아야 하는지, 전 인생을 놓고 묻게 됩니다. 나의 신분, 가치, 인생이 갖는 의미를 묻는 날이 옵니다. 그때 우리는 이 싸움에 걸려듭니다. 내가 하나님의 자녀라는 사실과 함께 하나님이 누구시며 그분의 자녀에게 요구되는 수준이 어떠한 것인지를 알게 됩니다. 어떻게 의롭고 거룩하고 선하고 아름답게 살아야 하는지를 깨닫게 됩니다. 그런데 아무리 발버둥을 쳐 봐도 우리는 거기에 미치지 못합니다. 그러다 문득 의심에 빠져듭니다. '나는 혹시 하나님의 자녀로 출생하지 않은 것일까? 나는 가짜가 아닐까? 나는 신자가 아니라 신자였으면 좋겠다고 아우성치는 후보에 불과하지 않을까?'

어느 날 아이가 할머니에게 이런 질문을 합니다. "아빠도 할머니가 낳았어? 삼촌도 할머니가 낳았어? 고모들도?" 할머니가 그렇다고 하니까 "그런데 왜 우리 엄마는 나를 이렇게 조그맣게 낳았어?" 할머니는 아빠와 고모들을 서른 살이 넘는 사람으로 낳았는데, 왜 엄마는 자기를 일곱 살짜리로 낳았냐는 물음입니다. 무엇을 잊어버리고 하는 질문입니까? 아이로 태어나서 자라 가야 하는 순리를 모르는 것입니다.

신자가 바로 그렇습니다. '하나님, 왜 저를 훌륭한 사람으로 태어나게 해 주지 않으셨습니까?' 이는 잘못된 생각입니다. 누구나 갓난아이로 태어나서 자랍니다. 하나님이 우리를 신분에 걸맞은 모습으로 출발하게 하지 않으셨습니다. 그렇지만 하나님은 우리를 하나님의 자녀라고 부르십니다. 하나님의 은혜로우심과 자비로우심과 선하심과 사랑하심에 비하여 우리는 그분의 자녀라고 불리기에 너무나 부족합니다. 이것이 우리가 좌절하는 이유입니다. 얼마나 큰 오해입니까. 이것은 좌절의 근거가 되어서는 안 됩니다. 오히려 분발의 근거가 되어야 합니다. 하나님이 우리를 자녀로 부르심은 우리가 그분의 자녀다운 조건을 지녔기 때문이 아닙니다. 그렇지 않음에도 불구하고 부르셨습니다. 이제 우리는 뒷골목 깡패가 아닙니다. 하나님이 부르신 자리로 와서 왕자가 되었기에 분발해야 합니다.

우리가 모자라다고 여기는 부분들은 우리를 좌절이 아닌 분발로 끌고 갈 것입니다. 우리는 아직 정치도 사회도 수학도 철학도 아무것도 모르기 때문에 모르는 만큼 죽어야 하는 것이 아니라 모르는 만큼 채워야 합니다. 이 나라의 왕권을 가지고 장차 백성들을 다스리기 위하여 무엇을 더 준비해야 하는지를 요구받는 대목입니다. 이것이 신자의 현주소입니다. 장차 하늘나라에서 주 예수 그리스도와 함께 그 나라를 다스리기에 부족함이 없는 사람으로 훈련되어야 합니다. 그래서 하나님은 우리 일상에 찾아와 물으십니다. "사랑을 행하고 있느냐. 자비를 베풀고 있느냐. 인내를 이루고 있느냐." 우리에게 물으시는데 우리는 이렇게 대답합니다. "저는 이것도 못해요. 저것도 못해요. 이렇게 하나님을 부끄럽게 하느니 차라리 죽는 것이 나아요." 이런 생각은 신앙생활에 방해가 됩니다.

스스로 부족함이 느껴지는 것은 너무나 당연합니다. 이미 완성되었다면 더 이상 살아 있을 필요가 없습니다. 완성되는 날은 바로 제대입니다. 우리가 아직 살아 있다는 것은 제대가 멀었다는 뜻입니다. 여기 이 땅이 하나님의 일을 위해서만 있는 것이 아니라, 우리가 완성되기 위한 훈련소임을 알아야 합니다. 아직 훈련받아야 할 부분이 남아 있다는 것입니다. 그동안 우리는 하나님의 일을 하기도 하지만, 부족함을 느낄 때마다 그 부분에 대해 더 공부하고 훈련해야겠다고 스스로에게 채찍질을 가해야 합니다. '나는 못하겠다' 하면서 돌아가면 안 됩니다.

본문 말씀 히브리서 6장을 살펴봅시다. "그러므로 우리가 그리스도의 도의 초보를 버리고 죽은 행실을 회개함과 하나님께 대한 신앙과 세례들과 안수와 죽은 자의 부활과 영원한 심판에 관한 교훈의 터를 다시 닦지 말고 완전한 데로 나아갈지니라." 기초에서 머뭇거리지 말고 진전하라고 합니다. 히브리서 3장 1절을 봅시다. "그러므로 함께 하늘의 부르심을 받은 거룩한 형제들아 우리가 믿는 도리의 사도이시며 대제사장이신 예수를 깊이 생각하라." '함께 하늘의 부르심을 받은 거룩한 형제들'을 대상으로 쓴 편지입니다. 히브리서 5장 11절과

12절에서는 이렇게 말합니다. "멜기세덱에 관하여는 우리가 할 말이 많으나 너희가 듣는 것이 둔하므로 설명하기 어려우니라 때가 오래 되었으므로 너희가 마땅히 선생이 되었을 터인데 너희가 다시 하나님의 말씀의 초보에 대하여 누구에게서 가르침을 받아야 할 처지이니 단단한 음식은 못 먹고 젖이나 먹어야 할 자가 되었도다." 함께 하늘의 부르심에 동참한 거룩한 형제들임에도 이런 꾸중을 듣습니다. '아직도 기초에 머물러 있느냐?' 히브리서 6장 1절에서 말씀하십니다. '그러므로 우리가 그리스도의 도의 초보를 버리고 죽은 행실을 회개함과 하나님께 대한 신앙과 세례들과 안수와 죽은 자의 부활과 영원한 심판에 관한 교훈의 터를 다시 닦지 말고.' 기초를 다시 다듬고 있을 시간이 없다는 말씀입니다.

자꾸 그 자리에서 머뭇거리고 진전하지 못하는 것은 자기는 아무래도 아닌 것 같기 때문입니다. 이는 자기 수준으로 그 신분을 확보하려는 생각을 버리지 못해서입니다. 자신이 하나님의 자녀라면 어떻게 이럴 수 있는가 싶습니다. 그럴 수 있다는 것이 성경의 대답입니다. 고린도전서에서도 '너희 중에 심지어 음행이 있다 함을 들'었다고 합니다. '너희'는 누구입니까? 바로 하나님의 교회이며 그리스도 예수 안에서 거룩하여진 성도들입니다. 그 이름은 취소되지 않습니다. 우리는 이 문제를 끊임없이 음미해야 합니다. 하나님의 자녀라는 신분을 나의 수준과 능력으로 확보하려고 하는 한 평생 확보할 수 없습니다. 줄곧 '구원' 이야기만 하다가 한 걸음도 나아가지 못합니다.

성경은 확신을 가지라고 합니다. 교회에 나와 앉아 있는 것으로 하나님의 자녀임이 증명됩니다. 하나님을 믿는다는 말을 농담으로 할 수는 없습니다. 심심하다고 할 수 있는 말이 아닙니다. 그 말은 세상이 가장 싫어하는 선언이기 때문입니다. 시간이 남아서 교회에 나오는 사람은 없습니다. 주께 마음이 붙잡힌 자만 나올 수 있습니다. 필요하다면 제가 증명서를 떼 드리겠습니다. "목사님, 저는 아닌 것 같은데요." 여기에 관한 한 '당신은 분명히 구원받은 자입니다'라고 공증해 줄 수 있습니다. 그것은 은혜로 주어진 것입니다. 그것을 자기 능력으로 확인하려고 하기에 쓸데없는 싸움을 하는 것입니다.

신자답지 못한 부분을 이제부터 고쳐서 목표에 도달해야 합니다. 아직은 아닙니다. 지금은 유아기입니다. '젖 먹는 아기'입니다. 남에게 전혀 도움이 되지 않습니다. 집에서 손이 가장 많이 가고 신경이 쓰이는 존재는 아기입니다. 조용하면 두려울 정도입니다. 그런 스스로에게 당황하지 마십시오.

'내가 예수를 믿는 사람으로 교회에 해 주는 것은 없고 밤낮 받기만 하고 귀찮은 존재이니까 내가 없어지는 것이 교회에 이익이다'라는 쓸데없는 이야기를 하기도 합니다. 인간은 자존심의 동물이기 때문입니다. 하나님 앞에서도 떳떳하고 싶어 합니다. 그러나 성경은 이것을 죄라고 합니다. 떳떳하려고 하지 마십시오. 차라리 뻔뻔함이 나을 수도 있습니다. 누군가 "예수 믿는 사람이 왜 그래?"라고 한다면, "그래, 그래서 예수 믿는다" 하고 뻔뻔하게 대꾸하는 것만큼 확실한 답은 없습니다. 이것이 우리의 배짱입니다. 왜 증명하려고 합니까? 신자다움을 증명하려고 하지 마십시오. 차라리 뻔뻔해지십시오. 신앙은 거기서부터 출발합니다.

　오늘도 우리는 위세 당당 궁궐을 휘젓고 다니며 노는 철부지 왕자와 공주입니다. 대신들의 수염을 뽑고 개구리를 모아 놓고 펄쩍펄쩍 뛰게 하고 악을 쓰면서 놉니다. 한심하기 짝이 없지만 왕자와 공주입니다. 이 한심한 행동을 고치기로 하되, 떳떳한 지위에 있음을 감사합시다. 우리의 부족함이 우리를 분발하게 하는 기회가 되도록 믿음의 성장을 결심합시다.

첫

할 일

#03

/

1 여호와의 종 모세가 죽은 후에 여호와께서 모세의 수종자 눈의 아들 여호수아에게 말씀하여 이르시되 2 내 종 모세가 죽었으니 이제 너는 이 모든 백성과 더불어 일어나 이 요단을 건너 내가 그들 곧 이스라엘 자손에게 주는 그 땅으로 가라 3 내가 모세에게 말한 바와 같이 너희 발바닥으로 밟는 곳은 모두 내가 너희에게 주었노니 4 곧 광야와 이 레바논에서부터 큰 강 곧 유브라데 강까지 헷 족속의 온 땅과 또 해 지는 쪽 대해까지 너희의 영토가 되리라 5 네 평생에 너를 능히 대적할 자가 없으리니 내가 모세와 함께 있었던 것 같이 너와 함께 있을 것임이니라 내가 너를 떠나지 아니하며 버리지 아니하리니 6 강하고 담대하라 너는 내가 그들의 조상에게 맹세하여 그들에게 주리라 한 땅을 이 백성에게 차지하게 하리라 **(여호수아 1:1-6)**

앞 장에서는 예수 그리스도를 믿으면 하나님의 자녀라는 신분에서 추방되지 않고 천국이 취소되지 않는다고 확인했습니다. 이러한 기초에서 이제 다음 단계로의 진전이 필요합니다. 우리가 하나님의 자녀에 걸맞은 수준을 갖추기 위하여 맨 처음 알아야 할 것에 대해 이야기하려고 합니다.

본문 말씀에서 중요한 구절은 6절입니다. '강하고 담대하라.' 본문에서 가장 필요한 내용임에도 놓치기 쉬운 문장입니다. 우리가 여호수아라는 사람에 대해 선입관을 가지고 있기 때문입니다. 성경에는 많은 위인이 나오지만 담대한 이미지를 주는 사람으로는 다니엘, 엘리아, 여호수아가 있습니다. 물론 아브라함, 요셉, 모세도 있지만 강하거나 담대한 면에서는 여호수아를 꼽습니다. 그런 여호수아에게 하나님이 '담대하라'고 명령하십니다. 우리는 여호수아가 그 명령을 받을 만한 이유를 생각해 보지 않고 넘어가느라 중요한 사실을 놓칩니다.

여호수아를 보며 그도 담대하라는 격려가 필요한 겁쟁이였을지 모른다고 생각하는 사람은 거의 없을 것입니다. 그러나 그는 강하고 담대한 것과 거리가 먼 사람이었습니다. 우리가 그를 강하고 담대한 자로 알고 있는 것은 그의 말년 때문입니다.

여호수아는 이스라엘 백성을 거느리고 요단강을 건너 여리고 성을 무너뜨립니다. 또 이스라엘 백성이 가나안 땅에 들어가 수행한 모든 전투를 지도합니다. 야전군 사령관으로서 그 일들을 수행하고, 죽음에 임박하자 이스라엘 백성을 모아 놓은 자리에서 이렇게 유언합니다. "나와 내 백성은 여호와를 섬기겠다. 너희들은 어떻게 하겠는가?" 갈팡질팡하던 이스라엘 백성들로 하여금 여호와를 섬기겠다는 결심을 하게 만든 그는 우리 기억 속에 담대하고 강한 사람으로 남아 있습니다.

이런 모습 때문에 우리는 여호수아를 과대평가하는 습성이 있습니다. 이는 우리가 쉽게 하는 착각입니다. 을지문덕 장군 이야기를 보면, 그의 어머니는 을지문덕을 잉태한 후 스무 달이 넘도록 낳지 못했습니다. 그러던 어느 날 지나가던 스님이 "버드나무 가지를 잘라다 집 안에 걸어 놓으면 아기를 낳을 것이고, 아들을 낳으면 이름을 문덕이라 하라"라는 말을 남기고 사라졌습니다. 그대로 하였더니 정말 아들을 낳게 되었습니다. 그가 바로 을지문덕 장군입니다. 사실 그는 스무 달 만에 태어나지 않았습니다. 우리는 결과가 좋으면 그 원인도 좋았을 것이라고 여기는 경향이 있습니다. 아무래도 남달랐을 것이라고 생각합니다. 좌청룡 우백호 사이에 서기가 어리더니 하늘의 계시가 있어서 낳은 아들이 문덕이었다는 이야기는 우리가 원하는 연출일 뿐입니다. 여기서 우리의 약점이 드러납니다.

성경에서 위인을 만나면 우리는 그가 남달랐을 것이라고 생각합니다. 그는 천성적으로 탁월한 재능과 수행 능력을 가졌을 것이라고 착각합니다. 여호수아는 장군이니 강하고 담대하고 믿음이 좋았을 것이라고 쉽게 생각합니다. 여기가 우리 신앙의 성장을 방해하는 지점입니다. 지금부터 저는 여호수아를 있는 모습 그대로 보려고 합니다.

신명기 34장 5절에서 7절을 봅시다. "이에 여호와의 종 모세가 여호와의 말씀대로 모압 땅에서 죽어 벳브올 맞은편 모압 땅에 있는 골짜기에 장사되었고 오늘까지 그의 묻힌 곳을 아는 자가 없느니라 모세가 죽을 때 나이 백이십 세였으나 그의 눈이 흐리지 아니하였고 기력이 쇠하지 아니하였더라." 이스라엘을 이끈 모세가 죽었습니다. 모세의 뒤를 이어 누가 이스라엘을 인도하게 됩니까? 본문 말씀인 여호수아 1장 1절과 2절을 다시 봅시다. "여호와의 종 모세가 죽은 후에 여호와께서 모세의 수종자 눈의 아들 여호수아에게 말씀하여 이르시되 내 종 모세가 죽었으니 이제 너는 이 모든 백성과 더불어 일어나 이 요단을 건너 내가 그들 곧 이스라엘 자손에게 주는 그 땅으로 가라." 이 말씀을 받은 여호수아는 떨고 당황하여 어쩔 줄 몰라 했습니다. 6절에서 하나님이 여호수아에게 '강하고 담대하라'라고 말씀하셨고 7절에서 다시 '오직 강하고 극히 담대하'라고 하신 것을 보면 알 수 있습니다.

여기서 우리가 알던 여호수아를 다시 생각할 필요가 있습니다. 성경이 제시하는 근거를 기초로 정당한 상상력을 동원해 본다면 이렇게 설명할 수 있습니다. 여호수아는 장군이 아니라 부관입니다. 그는 오직 모세라는 지도자 밑에서 따까리 노릇을 했습니다. 그의 계급은 대위 정도입니다. 지휘관이 아닙니다. 모세라는 시대의 위인 밑에서 잔심부름을 했을 뿐입니다.

출애굽기에서 본 대로 모세는 종종 산에 올라가 하나님을 만나 명령을 받고 내려왔습니다. 산 아래에 있는 백성들은 모세가 산에 올라간다는 사실만 알고 언제 내려오는지는 몰랐습니다. 그가 내려와야만 알았습니다. 모세가 시내 산에 율법을 받으러 올라갔을 때 사십 일 동안 내려오지 않아서 이스라엘 백성은 그가 죽었다고 생각하기도 했습니다. 모세는 종종 올라가 느닷없이 내려오곤 했습니다. 마지막에 올라갈 때도 사람들은 대수롭지 않게 생각했고 죽을 것이라고는 생각하지 않았을 것입니다. 신명기 34장 7절 말씀처럼 그는 죽을 때 기력도 쇠하지 않았고 눈도 흐리지 않았기 때문입니다. 건강한 채로 올라갔기 때문에 사람들은 그가 죽을 것이라고 생각하지 못했을 것이고 여호수아의 입장에서 보면 민족을 출애굽 시킨 하나님의 종이며 위대한 사자가 당연히 백성들을 이끌고 가나안에 들어가리라 생각했을 것입니다.

가나안을 눈앞에 두고 선 자리에서 하나님이 모세를 거두어 가시리라고는 상상도 못했을 것입니다. 그런데 하나님이 모세를 거두어 가시고 벼락같이 명령을 내리십니다. "모세는 죽었다. 이제 네가 대장이다." 여호수아가 이제껏 한 일은 모세 옷자락을 붙잡고 돌아다닌 일밖에 없었습니다. 그런데 느닷없이 명령이 떨어집니다. "백성들을 이끌고 가나안에 들어가 전쟁을 수행하라."

이스라엘 백성을 가장 잘 아는 분은 하나님입니다. 그다음은 모세이고 그다음은 여호수아입니다. 여호수아는 모세의 시종으로서 이스라엘 백성이 얼마나 모세를 괴롭혔는지 보아 왔던 사람입니다. 여호수아는 임무를 받고 나서 자기가 누구인지 알게 되고 자기에게 주어진 임무가 얼마나 막중한 것인지 알게 되어 당황했을 것입니다. 그래서 하나님이 말씀하십니다. "강하고 담대하라."

하나님이 우리를 어디에서 출발하게 하셨는지 기억해야 합니다.

여호수아는 담대한 심성과 뛰어난 능력이 있어서 위대한 사람이 된 것이 아닙니다. 이 이야기를 통해 평소 우리가 느끼던 좌절감을 버려야 합니다. 동시에 하나님이 주시는 명령의 참뜻을 알아야 합니다. "마음을 강하게 하라. 극히 담대하라." 이 말씀을 오해하지 마십시오. 딸을 원해서 아들에게 딸이 되라고 요구하는 부모를 본 적 있습니까? 여자에게 남자가 되라고 하면 남자가 될 수 있습니까? 우리가 잘 속는 지점입니다. 무작정 강하라고 하면 강해질 수 있다고 생각하는 것입니다.

데살로니가전서 5장 16절부터 보면 '항상 기뻐하라 쉬지 말고 기도하라 범사에 감사하라'는 말씀이 있습니다. 우리는 이 말씀을 쉽게 생각하고 좋아합니다. 적극적이고 아름다운 단어들이기 때문에 기뻐하라는 말씀을 복으로 여기고 기뻐합니다. 그런데 '하나님이 기뻐하라고 했으니 기뻐해야지'라고 해도 살다 보면 이해되지 않는 상황들이 쌓이게 됩니다. 이는 18절 이하에 '이것이 그리스도 예수 안에서 너희를 향하신 하나님의 뜻이니라'라는 말씀을 '나는 너희에게 기뻐할 일을 만들어 주는 하나님이며 기도하면 무조건 응답해 주는 하나님이다. 범사에 감사할 일들만 만들어 줄 것이니 너희는 기뻐하라. 기도하면 무엇이든지 응답을 받을 것이고 범사에 감사할 거리만 넘칠 것이다'라고 잘못 이해해서 그렇습니다. 이 부분을 좀 더 자세히 들여다보면 우리의 필요와 절실함이 신앙의 대상이어서는 안 된다는 깨달음을 얻을 수 있습니다. 나에게 필요한 것이 믿음의 대상이 된다면 얼마나 우스운 상황입니까.

"하나님, 저는 공부를 잘하고 싶습니다. 그래서 공부가 잘될 것을 믿습니다"라는 것은 말이 안 됩니다. 신자에게 믿음이란 소원하는 대상을 향하는 것이 아닙니다. 내 소원으로 신앙을 들먹여서는 안 됩니다. 그것은 소원일 뿐입니다. 간절한 소망에 불과합니다. 소망을 신앙하는 사람은 없습니다. 신앙이란 내 소원이 이루어질 만한 근거나 이루어지게 하실 주체를 향해 갖는 것입니다. '내가 이런 소원을 갖고 있는데 이 소원이 이루어질 것을 믿는다. 왜냐하면 내가 소원하니까'라는 것은 신앙이 아닙니다. '나는 소원이 이루어질 것이라고 믿는다. 왜냐하면 그 소원을 이루어지게 할 조건이 있기 때문이다'라고 해야 맞습니다. 이것이 하나님의 약속에 모든 것을 맡기는 신자의 믿음이며 신앙입니다. "그 일이 이루어진다고 믿는 것은 하나님이 약속하셨기 때문이다. 그 약속을 믿는 것은 그것을 이루실 분이 전능하시며 신실하시기 때문이다." 이것이 신자에게 있는 믿음의 근거입니다.

따라서 믿음의 대상은 자신의 소원이 아닙니다. 믿음은 소원을 이루어 주실 이에 대한 신뢰입니다. 이것이 신앙입니다. 내가 얼마나 간절한가로 신앙을 확인하는 것은 자기최면입니다. "믿습니다. 믿습니다" 하면서 이성적 판단과 사고력을 마비시켜 스스로를 취하게 만드는 것은 신앙이 아닙니다.

'너는 강하고 담대하라'라는 말씀도 이런 관점에서 이해해야 합니다. 부모가 자녀에게 "공부 열심히 해라. 공부 잘해라"라고 하는 말은 자녀에게 공부를 할 수 있는 환경과 조건을 마련해 주고 나서 하는 말입니다. 하나님이 여호수아를 향하여 "너는 강하라. 극히 담대하라"

고 말씀하셨을 때 '강함'과 '담대함'은 이미 하나님이 약속하신 것입니다. 여호수아 1장 3절을 보면 '내가 모세에게 말한 바와 같이 너희 발바닥으로 밟는 곳은 모두 내가 너희에게 주었노니'라고 합니다. '그러므로 너는 담대하라'는 것입니다.

이 구절을 살펴보면, '발바닥으로 밟는 곳'을 주겠다고 하셨습니다. 신발로 밟는 곳은 대상이 아닙니다. 왜 발바닥입니까? 여호수아는 신발을 안 신고 다녔습니까? 여호수아 5장 13절에서 15절을 봅시다. '여호수아가 여리고에 가까이 이르렀을 때에 눈을 들어 본즉 한 사람이 칼을 빼어 손에 들고 마주 서 있는지라 여호수아가 나아가서 그에게 묻되 너는 우리를 위하느냐 우리의 적들을 위하느냐 하니 그가 이르되 아니라 나는 여호와의 군대 대장으로 지금 왔느니라 하는지라 여호수아가 얼굴을 땅에 대고 엎드려 절하고 그에게 이르되 내 주여 종에게 무슨 말씀을 하려 하시나이까 여호와의 군대 대장이 여호수아에게 이르되 네 발에서 신을 벗으라.'

여호수아 이야기에서 주의 깊게 살펴볼 내용은 '발'과 관련이 있습니다. 여호수아 1장에서 하나님이 여호수아에게 발바닥으로 밟는 곳을 주겠다고 하시면서 강하고 담대하라고 하십니다. 여리고 성 싸움을 앞두고 떨어진 명령입니다. 5장 여리고 성 사건에서도 '발'이라는 단어가 나옵니다. 여호수아 3장에 요단강을 건너는 사건에서도 '발바닥'이 나옵니다. 3장 15절에서 17절을 봅시다. "요단이 곡식 거두는 시기에는 항상 언덕에 넘치더라 궤를 멘 자들이 요단에 이르며 궤를 멘 제사장들의 발이 물 가에 잠기자 곧 위에서부터 흘러내리던 물이 그

쳐서 사르단에 가까운 매우 멀리 있는 아담 성읍 변두리에 일어나 한 곳에 쌓이고 아라바의 바다 염해로 향하여 흘러가는 물은 온전히 끊어지매 백성이 여리고 앞으로 바로 건널새 여호와의 언약궤를 멘 제사장들은 요단 가운데 마른 땅에 굳게 섰고 그 모든 백성이 요단을 건너기를 마칠 때까지 모든 이스라엘은 그 마른 땅으로 건너갔더라." 여기서도 '제사장들의 발'이 나옵니다. 제사장들이 요단을 건너기 위하여 앞장 서서 언약궤를 메고 요단에 들어가 서 있는데, 4장 18절을 보면, '여호와의 언약궤를 멘 제사장들이 요단 가운데서 나오며 그 발바닥으로 육지를 밟는 동시에 요단 물이 본 곳으로 도로 흘러서'라고 합니다. 언약궤를 멘 제사장들은 맨발바닥으로 요단강에 들어가 있습니다.

여호수아서 1장, 3장, 4장, 5장에 걸쳐 '발'이라는 단어가 나옵니다. 당시 맨발로 다니는 사람은 종이었습니다. 성경에 신을 벗는 내용이 나오는 대표적 이야기가 있습니다. 모세가 시내 산에서 처음 하나님을 만날 때 하나님의 음성이 "모세야, 네가 선 곳은 거룩한 땅이니 네 발에서 신을 벗으라"라고 하셨습니다. 성경에서 발을 언급하는 것은 바로 이 이야기 때문입니다. 하나님이 모세에게 '너는 내 종이니라'라는 뜻을 담아 신을 벗으라고 하십니다. '네가 선 곳은 거룩한 땅이니'라는 말씀은 땅 자체가 거룩하다는 뜻이 아니라 통치권자가 말씀하시는 곳이기에 거룩하다는 뜻입니다.

우리가 하나님의 자녀가 되었다는 사실은 죄인의 자리에서 복의 자리로 옮겨 왔다는 것만을 의미하지 않습니다. 이제 우리는 하나님을 주인으로 섬기는 자가 되었다는 뜻이 더 중요합니다. 또한 그것은 하나님이 우리에게 요구하시는 조건이며 하나님의 목표입니다. 예수 그리스도는 우리의 그리스도인 동시에 주인입니다. 이를 모르는 자에게 신앙의 성숙이란 없습니다.

신자가 복을 얻고 구원을 얻었다는 사실에만 만족하고 하나님의 종이 되었다는 사실을 모르면 신앙이 자라지 않습니다. 군대를 생각해 봅시다. 장성, 영관급, 위관급, 하사관, 일반병이 있습니다. 이 계급들의 높고 낮음은 중요하지 않습니다. 군인은 하나의 지휘 체계에 자기의 인생을 맡긴 사람이라는 사실이 더욱 중요합니다. 신자는 영적 차원에서 하나님의 군사입니다. 계급은 이차적 문제입니다. 신자는 하나님의 명령 하나에 인생과 삶을 맡긴 자입니다. 우리는 이 사실을 모릅니다. 우리는 신앙을 어쩌다 얻은 알라딘의 램프처럼 생각합니다. 램프를 문질러서 나타난 요정에게 "이거 해라. 저거 해라" 합니다. 우리에게는 소원을 이루어 줄 능력이 필요할 뿐입니다. 우리는 하나님이 그런 능력을 가지셨음을 알기 때문에 모든 미사여구를 동원하여 그분을 찬양합니다. '전능하시며 거룩하시며 안 계신 곳이 없으며 우리에게 양식을 주시는 분'이라고 하면서 당장 내가 필요로 하는 것만 찾습니다. 이것이 우리의 약점입니다.

자기 인생을 점검하십시오. 우리는 하나님이 우리 인생을 어떻게 사용하고 싶으신지, 그 일을 위해 어떻게 살아야 하는지에는 관심이 없습니다. 하나님의 힘을 빌려 쓸 생각뿐입니다. 하나님이 내 인생에 어떤 임무를 맡기시려고 나를 이 민족, 이 시대, 이 땅에 태어나게 하셨는지를 생각하지 않습니다. 땅을 치고 통곡할 문제입니다.

이 문제 외에는 신자의 존재 이유가 없습니다. 신자의 삶은 하나님이 이루실 일을 위한 배역, 역할, 드라마로 존재하기 때문입니다. 우리는 영광 속에서 그 일을 할지, 고통 속에서 그 일을 할지 모릅니다. 하나님이 연출자이십니다. 신자는 이러한 이유로 인생에 보람이 있다는 사실을 간증하기 위하여 존재할 뿐입니다.

스데반을 예로 들어 봅시다. 스데반이 순교하는 장면에서 우리가 기억해야 할 것은 그가 보인 태도입니다. 그는 돌에 맞아 죽으면서 "아버지, 저들의 죄를 사하소서. 저들은 자기들이 하는 짓을 알지 못합니다. 이 죄를 저들에게 돌리지 마십시오"라고 기도합니다. 우리는 이 태도가 매우 높은 신앙의 수준이라고 생각하지만 이렇게 생각해 볼 수도 있습니다.

스데반은 돌에 맞아 죽는 일에 담긴 보람이 넘쳐서, 죽는 주제에 자기를 죽이는 사람들을 용서할 수 있을 정도로 엄청난 세계에 사는 것입니다. 그가 가진 인생의 가치가 너무 커서 그의 주변에 있는 사람이 악당이든 원수든 나눠 줄 수밖에 없는 것입니다. 자기가 좋아하는 사람만 불러서 은밀하게 나누어 줄 만큼이 아니라 모두에게 지고 가지 못할 정도로 많이 나누어 주어도 남을 정도로 큰 것입니다. 그 인생에 담긴 보람이, 그가 겪은 삶의 맛이 그렇다는 말입니다.

사실 저는 다른 사람들보다 나은 것이 하나도 없습니다. 특히 목사로서의 역량은 너무나도 부족합니다. 그것이 얼마나 제 자신을 좌절하게 하는지 이야기하고 싶습니다. 설교를 마치고 나면 늘 교양 없고 거친 제 말에 누군가가 상처를 받았을지 모른다는 안타까움이 있습니다. 사람이 덜 되어 빨리 고치지 못하고 그다음 주에도 동일한 실수를 저지릅니다. 그럼에도 계속 그 자리에 섭니다. 바로 설교하는 맛 때문입니다. 그 '삶의 맛' 때문에 아직까지 자폭하지 않고 살아갑니다. 저는 일주일에 한 번씩 하나님 편에 서서 아우성칠 수 있습니다. 사람들이 설교 내용을 알아듣는 것은 부수적인 문제입니다. '저는 하나님 편입니다!' 하고 아우성칠 수 있는 이 맛이 저를 좌절로부터 구출합니다.

이 감격이 우리 모두에게 있습니다. 각자에게 허락된 환경과 시간을 돌아보십시오. 친척과 이웃과 친구가 있습니다. 그들 앞에 우리가 할 수 있는 일이 한 가지 있습니다. "나는 하나님의 졸병이다!" 이 고백만은 할 수 있습니다. 일을 장교같이 하는지, 졸병같이 하는지는 이차적 문제입니다. 어쨌든 군복을 입고 일하고 있습니다. 그 자리에 있는 한 우리는 담대할 수 있습니다. 신앙이 성숙하는 데에 필수적인 도약 지점입니다. 이 지점을 통과하십시오. 하나님이 우리에게 요구하시는 명령입니다.

우리는 하나님의 명령에 굴복하는 졸병임을 우리 생애를 통해 증명해야 합니다. 우리가 할 수 있는 일은 이것뿐입니다. 이 일을 하십시오. 하나님 편에 서는 이 감격, 이 맛, 이 자랑이 아무리 나쁜 지적에도, 또 스스로 갖는 좌절감에도 자폭하지 않고 뻔뻔스럽게 다시 살아갈 수 있도록 용기를 줍니다. 이것은 하나님 편에서만 가능합니다. 그분이 우리의 대장이기에 우리는 그분이 걷게 하시는 길을 맨발로 뛰면서 감격을 누리며 삽니다. 많은 신자가 자기가 만들어 놓은 인생에 하나님을 동반자로 부르면 된다고 착각합니다. 우리는 하나님이 계획하신 길을 걸을 뿐입니다. 하나님이 원하시는 일을 위하여 나를 태어나게 하셨음을 알아야 합니다. "무엇을 어떻게 해야 합니까?" 하고 물어봅시다. 이렇게 질문하는 의식과 각성이 신자에게 필요합니다.

신자의
질그릇

#04

/

7 우리가 이 보배를 질그릇에 가졌으니 이는 심히 큰 능력은 하나님께

있고 우리에게 있지 아니함을 알게 하려 함이라　8 우리가 사방으로

욱여쌈을 당하여도 싸이지 아니하며 답답한 일을 당하여도 낙심하지

아니하며　9 박해를 받아도 버린 바 되지 아니하며 거꾸러뜨림을 당

하여도 망하지 아니하고　10 우리가 항상 예수의 죽음을 몸에 짊어짐

은 예수의 생명이 또한 우리 몸에 나타나게 하려 함이라　11 우리 살

아 있는 자가 항상 예수를 위하여 죽음에 넘겨짐은 예수의 생명이 또

한 우리 죽을 육체에 나타나게 하려 함이라　12 그런즉 사망은 우리

안에서 역사하고 생명은 너희 안에서 역사하느니라 **(고린도후서 4:7-12)**

앞 장에서는 여호수아 사건에 기록된 '발바닥'에 담긴 의미를 이해하면서 신자는 하나님을 주인으로 섬기는 종이라고 정의했습니다. 신자가 실제로 그렇게 살기 위해서는 좀 더 구체적인 안내가 필요합니다. 먼저 성경이 우리에게 신앙의 성숙을 요구하는 방법은 우리 생각과 다름을 알아야 합니다.

성숙한 신앙에 대해 대부분의 신자가 떠올리는 모습은 이렇습니다. 일단 죄를 짓지 않을 것이라고 생각합니다. 옳은 이야기이지만 사람이 근본적으로 달라진다고 생각해서는 안 됩니다. 죄에 대한 욕심도 죄에 대한 유혹도 생기지 않고 마치 밥도 안 먹고 화장실도 안 가는 천사와 방불해질 것이라고 생각하지는 마십시오.

성경은 신앙이 성숙한 사람에 대해 이제 그는 더 이상 사람이 아니라고 말하지 않습니다. 본문 말씀 고린도후서 4장 7절을 봅시다. "우리가 이 보배를 질그릇에 가졌으니 이는 심히 큰 능력은 하나님께 있고 우리에게 있지 아니함을 알게 하려 함이라." 이처럼 구별하여 이야기합니다. 진리라는 보배를 가진 것과 그 보배를 담고 있는 질그릇이 변화되는 것은 다릅니다. 예수를 믿으면 즉 보배를 담으면 질그릇이 달라진다는 이야기가 아닙니다. 질그릇 안에 보배를 가지게 된 것이 변화입니다. 질그릇 자체에는 변화가 없습니다.

신자가 흔히 오해하는 부분입니다. 보석을 담으면 질그릇 자체도 보석으로 바뀔 것이라고 생각합니다. 질그릇에 다이아몬드가 박히거나 적어도 도금 정도는 될 것이라고 착각합니다. 즉 신앙이 성숙해지면 누릴 것이 많으리라 생각하는 것입니다. 유력해지고 부요해져서 그것을 남에게 나누어 주고 다른 사람들을 도와주면서 하나님의 영광을 위해 일하게 될 것이라고 생각합니다.

그렇지 않습니다. 질그릇 자체는 변하지 않습니다. 하나님은 우리를 천사로 만들려는 것이 아닙니다. 물론 변화되는 때가 올 것입니다. 나중에 예수님이 재림하셔서 우리 모두를 천국 백성으로 끌어올리실 때 우리는 변화되어 지금과는 전혀 다른 모습이 될 것입니다. 그러나 아직은 아닙니다. 우리가 이 세상에 사는 동안 천사처럼 되어 밥을 먹지 않아도 되고 죄가 생각나지 않고 더러운 짓을 저지르지 않도록 변할 수는 없습니다.

우리는 스스로가 죄를 저지르지 않고 거룩해지고 완벽해지면 하나님에게 도움이 되고 하나님의 영광을 드러낼 수 있을 것이라고 생각합니다. 성경은 그렇게 말하지 않습니다. 성경이 우리에게 하는 요구는 우리가 완벽해져서 하나님의 영광을 드러내라는 것이 아닙니다. 성경은 우리가 세상 사람들과 똑같은 처지에서 하나님 앞에 영광을 돌릴 수 있다고 말씀합니다. 우리의 생각과 큰 차이가 있습니다.

예수 믿는 사람들과 믿지 않는 사람들의 가장 큰 차이는 인생 목표가 다르다는 점입니다. 예수를 믿지 않는 사람들은 인생 목표가 자기를 치장하는 데에 있습니다. 자기 명예와 자기만족을 위해 삽니다. 각자 질그릇을 아름답고 고귀하게 보이도록 만드는 일에 중점을 둡니다. 세상에서는 이 일에 실패하여 좌절을 느낄 때 삶을 포기한다고 합니다. 자신을 증명하고 나타내는 일에 실패하면 더 이상 살 의미를 잃습니다. 이것이 그들 삶의 가치와 이유입니다. 그러나 예수 믿는 사람들은 질그릇 때문에 살지 않습니다. 질그릇 자체를 치장하거나 자랑하기 위해 살지 않습니다. 신자는 자기가 가진 보배 때문에 사는 존재입니다.

어떤 사람이 허름한 종이 가방을 들고 가는데 바람이 불자 그 가방이 날아가 시궁창에 빠졌습니다. 그런데 빈 종이 가방 하나 놓쳤다고 좋은 옷을 버려 가면서 시궁창에 들어가 꺼내 올 이유는 없습니다. 버리면 그만입니다. 그 안에 귀중한 보석이 담겨 있다면 당연히 꺼내 올 것입니다. 신문지로 만든 종이 가방 때문이 아니라 그 안에 든 보석 때문입니다. 지나가던 사람들이 모두 서서 구경할 것입니다. 멀쩡하게 생긴 사람이 좋은 옷을 입고, 너덜너덜한 종이 가방을 줍기 위해 시궁창으로 들어가기 때문입니다. "저 사람이 미쳤나?" 아니면, "저속에 무엇이 들어 있는 걸까?"라고 생각할 것입니다. 하나님이 요구하는 신자의 삶이 이와 같습니다.

우리는 복에 대해 이렇게 생각합니다. 예수를 믿으면 진급하고 건강하며 잘생겨지고 자녀들은 말썽도 안 부리고 십일조를 내면 그 열배로 돌아온다고 생각합니다. 이런 식으로 하나님이 우리에게 주시려는 복을 오해한다면 우리는 교회를 '증권거래소'로 바꿔 불러야 할 것입니다.

물론 예배드리고 경배하는 만큼 중요한 것을 얻습니다. 다만 우리의 시선이 종이 가방 안에 든 보석까지 미치지 못하는 것이 문제입니다. 가방 자체가 보석인 줄 압니다. 이때 우리의 초점이 흐려지지 않도록 하나님이 막으십니다. 예수 믿는 사람들이 질그릇이 아닌 그 안에 담긴 보배에 집중하도록 우리로 무너지는 생활을 감수하게 하십니다.

고린도전서 1장 26절부터 29절 말씀을 봅시다. "형제들아 너희를 부르심을 보라 육체를 따라 지혜로운 자가 많지 아니하며 능한 자가 많지 아니하며 문벌 좋은 자가 많지 아니하도다 그러나 하나님께서 세상의 미련한 것들을 택하사 지혜 있는 자들을 부끄럽게 하려 하시고 세상의 약한 것들을 택하사 강한 것들을 부끄럽게 하려 하시며 하나님께서 세상의 천한 것들과 멸시 받는 것들과 없는 것들을 택하사 있는 것들을 폐하려 하시나니 이는 아무 육체도 하나님 앞에서 자랑하지 못하게 하려 하심이라." 하나님은 우리를 지혜 있는 자나 문벌 좋은 자로 부르지 않으셨다는 이야기입니다. 예수 믿는 자를 지혜 있는 자나 능한 자나 문벌 좋은 자로 만들지 않으시겠다는 의미입니다. 어떤 육체도 자랑하지 못하게 하시려고, 즉 우리가 질그릇을 자랑하게 될까 봐 그렇게 하셨다는 것입니다. 그래서 질그릇 자체에는 복을 주지 않으십니다. 그 안에 보배를 넣어 주실 뿐입니다.

예수 믿는 사람들이 가진 진리와 생명을 이웃에게 전할 때 듣는 상대가 오해하지 않도록 신자의 질그릇을 좋게 만들어 주지 않으십니다. 누군가 우리를 볼 때 보배가 아니라 아름다운 질그릇 때문에 산다고 오해할까 봐 일부러라도 질그릇을 훨씬 하찮게 만드십니다. 다른 사람으로 하여금 '이 사람이 가진 질그릇은 내가 가진 질그릇보다 훨씬 못한데 왜 이 사람은 좌절하거나 자포자기하지 않고 오히려 떳떳하게 사는가' 하는 생각을 하게 하십니다. 이것이 바로 하나님이 신자에게 요구하시는 삶입니다. 이를 알아야 성숙한 신앙생활을 할 수 있습니다. 그래서 신앙생활은 싸움입니다. 당하는 것이지 우리가 짓밟는 것이 아닙니다.

물론 하나님이 질그릇을 치장해 주시는 사람도 있습니다. 그것은 좋은 질그릇을 가진 사람으로 그것을 자랑하지 않고 그 안에 든 보배를 자랑하게 하여 또 다른 증명을 하시기 위해서입니다. 보석이 박히고 도금이 된 질그릇을 가졌으면서도 자랑하지 않고 더 높은 가치를 추구하게 하셔서 신자는 세상 사람들과 추구하는 목표가 다름을 증명하시기 위해서입니다.

대다수의 신자는 당하는 쪽에서 신자의 다름을 증명합니다. 고린도후서 4장 10절을 봅시다. "우리가 항상 예수의 죽음을 몸에 짊어짐은 예수의 생명이 또한 우리 몸에 나타나게 하려 함이라." 신자는 이렇게 살아야 합니다. 첫째는 질그릇이 깨져도 좌절하지 않음으로써 질그릇 외에 보배가 있음을 증명하는 것이며, 둘째는 적극적인 신앙으로서 스스로 질그릇을 깨트리는 생활을 하는 것입니다. 이것이 우리가 항상 예수의 죽음을 몸에 짊어짐으로써 예수의 생명이 우리 몸에 나타나게 한다는 말씀의 의미입니다.

다시 처음으로 돌아갑시다. 예수를 믿는다고 선한 사람으로 변하는 것이 아니며 거룩한 사람으로 변하는 것도 아닙니다. 갈라디아서 5장 16절부터 18절을 봅시다. "내가 이르노니 너희는 성령을 따라 행하라 그리하면 육체의 욕심을 이루지 아니하리라 육체의 소욕은 성령을 거스르고 성령은 육체를 거스르나니 이 둘이 서로 대적함으로 너희가 원하는 것을 하지 못하게 하려 함이니라 너희가 만일 성령의 인도하시는 바가 되면 율법 아래에 있지 아니하리라." 이어 19절에 '육체의 일'이 나오고 22절에 '성령의 열매'가 나옵니다. 성령을 따르는 것과 육체의 소욕을 비교하고 있습니다. 문제는 24절입니다. "그리스도 예수의 사람들은 육체와 함께 그 정욕과 탐심을 십자가에 못 박았느니라." 우리는 이 말씀 때문에 곤란해합니다. 그리스도 예수의 사람들은 육체와 함께 그 정욕과 탐심을 십자가에 못 박았으니, 이제는 육체에 대한 유혹도 죄에 대한 욕망도 없어야 하지 않겠냐고 합니다. 16절을 다시 봅니다. "내가 이르노니 너희는 성령을 따라 행하라 그리하면 육체의 욕심을 이루지 아니하리라." 이 말씀은 곧 성령을 따라 행하지 않으면 육체의 욕심을 이루게 된다는 말입니다. '그리스도 예수의 사람들은 육체와 함께 그 정욕과 탐심을 십자가에 못 박았'다는 말은 이미 신자가 육체와 함께 정욕과 탐심을 가졌다는 뜻입니다. 성경은 예수 믿는 사람과 믿지 않는 사람의 대비를 선한 사람과 죄짓는 사람으로 설명하지 않습니다.

믿지 않는 사람이 할 수 있는 최선은 죄를 짓지 않는 것일 뿐, 예수를 믿는 데까지는 이르지 못합니다. 죄를 짓거나 죄를 안 짓거나 둘 중 하나만 가능할 뿐입니다. 여기서 말하는 죄는 '행위'로 드러난 것을 말합니다. 그런데 믿지 않는 사람이 행위로 죄짓지 않았어도 그는 죄인입니다. 예수를 믿지 않는 것 자체가 죄이기 때문입니다.

신자는 예수 그리스도를 좇아 성령의 열매를 맺게 된 자입니다. 그럼에도 아직 죄를 짓는 본성이 남아 있습니다. 예수 그리스도로 말미암아 거듭났고 하나님의 사람이 되었음에도 아직 죄를 짓는다는 데에 어려움이 있습니다. 그래도 신자는 하나님을 모르는 죄를 짓지는 않습니다. 더럽고 부패한 육체의 죄를 지을 수는 있지만 가장 근본적인 죄, 즉 하나님을 모르는 죄를 지을 수는 없습니다. 예수 믿는 사람이 믿지 않는 사람과 가장 크게 다른 점은 머릿속에 늘 하나님을 의식하며 산다는 것입니다.

하나님은 질그릇의 차이로 신앙의 성숙도를 평가하지 않으십니다. 그런데도 우리는 질그릇 자체에 대한 변화를 요구합니다. 이는 착각에서 나온 바람입니다. 신앙생활은 질그릇이 아닌 보배를 의뢰하는 싸움입니다. 자신을 주인으로 삼지 않고 하나님을 주인으로 삼기 위한 싸움입니다. 그래서 나의 질그릇이 남들보다 나아지는 일은 없습니다.

예수 믿는 사람에게 생기는 변화는 스스로를 자기의 주인으로 삼는 것을 포기하고 예수 그리스도를 주인으로 삼게 되는 것입니다. 질그릇이 변하는 것이 아닙니다. 삶의 가치를 질그릇 안에 담긴 보배에 두는 것입니다. 우리는 자꾸만 질그릇이 변하기를 바랍니다. 다시는 죄가 생각나지 않고 유혹을 받지 않는 경지에 도달하기를 바랍니다. 그래서 아직도 죄의 유혹에 흔들릴 때 놀랍니다. '이렇게 오랫동안 예수를 믿었는데 아직도 죄에 눈이 가는가!'

죄의 유혹에 직면할 때 인간의 시각과 촉각이 얼마나 나약한지 우리 모두가 잘 압니다. 우리는 그럴 때마다 '이놈의 질그릇이 아직도 이러는가' 하고 놀라지만 성경은 그 문제가 고쳐지지 않을 것이라고 말합니다. 그것이 고쳐져서 신앙이 성숙하는 것이 아니라 고쳐지지 않는 자신의 상태를 아는 만큼 자기의 주권을 하나님에게 이양할 때 신앙이 성숙합니다. 죄에 발동이 걸리지 않고 죄에 시선이 가지 않게 하려고 스스로를 닦지 마십시오. 그것은 동양철학에서 말하는 군자 (君子)의 도(道)일 뿐입니다.

성경은 인간이 군자의 도에 이를 수 없다고 선언합니다. 대신 하나님은 질그릇에 보배를 넣어 주시고는 시선을 보배로 돌리라고 하십니다. 하나님이 우리에게 요구하시는 것은 우리가 가진 질그릇이 다른 사람과 별반 다르지 않음을 증명하는 일입니다. 그들과 내가 동일한 자리에 있음을 증명하는 일입니다. 의사의 실력을 가늠하기 위해서는 얼마나 위중한 환자들이 찾아오는지를 보면 됩니다. 교회란 영적 환자들이 모인 집단입니다. 인간이 무엇이며 죄가 무엇인가를 아는 사람들이 찾아오는 곳입니다. 도대체 예수가 누구이며 하나님이 누구신지에 대해 비로소 집중하게 하는 곳이 바로 교회입니다. 교회는 잘난 사람들이 오는 곳이 아닙니다.

삶은 성공해야만 의미가 있는 것이 아니라 실패해도 가치가 있는 법입니다. 내 질그릇이 부서졌음에도 그 안에 있는 보배 때문에 살며 오히려 질그릇이 깨어짐으로 그 안에 있는 보배가 다른 이들에게 더 많이 드러나게 되는 것이 신자의 삶입니다. 내가 가진 질그릇이 깨졌을 뿐 그 안의 보배는 깨지지 않았음을 보이는 삶입니다. 나의 시선을 질그릇에서 보배로 옮기는 싸움이 신앙생활입니다. 보배를 의지할수록 신앙이 성숙해집니다.

하나님은 우리에게 겉으로 드러나는 복을 보여 주시는 방법으로 당신을 증명하지 않으십니다. 다만 하나님이 우리에게 허락하시는 은혜와 진리는 우리가 만들어 내는 것들과 어떻게 다른지를 보이십니다. 이는 우리가 만들어 낼 수 없는, 하나님만이 주실 수 있는 은혜이며 진리입니다. 이 생명을 증명하기 위하여 인류가 가진 것들이 얼마나 무가치한지를 깨우치시며, 하나님이 주신 것은 모든 것을 압도하고도 남는다는 사실을 증명하십니다.

그러니 신자도 질그릇이 맞는 모든 풍상을 겪는 동시에 보배로 말미암은 자랑과 가치와 의미를 증명해 내야 합니다. 이것이 하나님이 요구하시는 신자의 생활입니다. 우리에게 겉으로 드러나는 성공을 하라고 요구하지 않으십니다. 겉으로 보면 실패하고 당한 자입니다.

고린도후서 4장 8절을 봅시다. "우리가 사방으로 욱여쌈을 당하여도 싸이지 아니하며 답답한 일을 당하여도 낙심하지 아니하며 박해를 받아도 버린 바 되지 아니하며 거꾸러뜨림을 당하여도 망하지 아니하고." 우리가 부술 수 있는 것은 질그릇뿐입니다. 우리의 질그릇은 부서질 수밖에 없습니다. 그러니 질그릇을 치장하기 위하여 살지 마십시오.

질그릇을 치장하기 위해 살면 욱여쌈을 당하지 않을 수 있고 답답한 일을 당하지 않을 수 있고 박해를 받지 않을 수 있고 거꾸러뜨림을 당하지 않을 수 있습니다. 나의 안녕과 나의 행복과 나의 자랑만을 위하여 살면 이런 일을 겪지 않을 수 있습니다.

그러나 신자는 그렇게 살 수 없습니다. 신자는 세상의 것이 결과적으로 어떤 것인지를 아는 자이기 때문에 질그릇을 위하여 살지 않고 보배를 위하여 살기로 결심한 자들입니다. 질그릇을 보호하기 위해 살지 않고 보배를 위해 살기로 결심한 사람들이기 때문에 그 외의 것들을 방어할 틈이 없습니다.

세상은 질그릇에 투자하지 않는 자들을 무너뜨립니다. 생존경쟁이 바로 그것입니다. 먹기 위하여 애쓰지 않는 자들에게는 먹을 것이 풍성할 리 없습니다. 명예를 위하여 투자하지 않는 자에게는 명예가 오지 않습니다. 이익을 위하여 애쓰지 않는 자에게는 손해가 옵니다. 예수를 믿지 않는 사람은 자기 이익을 위해 사는 사람들이고, 신자는 거기에 애쓸 여력이 없는 사람들입니다. 하나님은 오히려 세상을 내팽개침으로써 증명되는 삶을 살라고 하십니다. 오른쪽 뺨을 맞으면 왼쪽 뺨을 대는 것처럼 이해관계와는 반대로 살아야 하는 것입니다.

왜 그렇게 살아야 합니까? 질그릇 안에 있는 보배를 드러낼 수 있는 유일한 방법이기 때문입니다. 하나님이 우리에게 이러한 삶을 요구하십니다. 우리는 하나님을 믿으면 훌륭한 질그릇을 갖게 될 것이라고 오해합니다. 그러나 하나님은 우리의 요구를 들어주시려고 우리를 자녀로 부르신 것이 아닙니다. 하나님은 하나님의 목적을 위하여 우리를 부르셨습니다. 우리가 살아가야 할 길은 오직 하나님이 요구하시는 길입니다. 각자에게 주어진 길을 어떻게 가야 할지는 스스로에게 물어보아야 합니다.

그 길은 원수를 사랑하고 하나님의 명령을 따라 살며 세상에서는 실패하고 지는 길입니다. 자기를 부인하고 십자가를 지고 좇는 길입니다. 우리는 "그렇게 살면 하루도 못 살아요"라고 할 것입니다. 그러나 진리는 하나입니다. 성경은 이에 대해 우리는 하나님의 영광을 위하여 존재한다고 합니다. 억울하게 생각할 것 없습니다. 성경은 누가 너희를 만들었냐고 강하게 말씀합니다.

신자에게 신앙의 대상은 하나님입니다. 하나님이 대장이십니다. 약자가 참아야 합니다. 억울하면 하나님보다 더 세어지십시오. 그럴 수 없을 때는 순종할 수밖에 없습니다. 그것이 현실입니다. 그러나 하나님은 이를 무력으로서가 아니라 진리와 영원의 차원에서 이야기하십니다. 어느 것이 복입니까? 우리가 원하는 것이 복이 아니라 하나님이 계획하신 것이 복입니다. 우리가 살아온 경험으로 증명됩니다.

예수를 믿고 하나님이 하라는 대로 살아본 적이 우리도 있을 것입니다. 그때 각자가 누렸던 복은 이전에 놀부처럼 살았을 때와 어떻게 다릅니까? 성경은 그 차이를 묻는 것입니다. 신자의 삶이란 하나님이 원하시는 일 때문에 주어진 자리입니다. 하나님이 원하시는 일을 위해 사는 것이 신자의 사명입니다. 우리의 가정, 직장, 시대, 국가는 하나님이 우리를 통하여 우리 이웃들에게 보여 주고 싶으신 것 때문에 우리에게 주어진 무대입니다. 이 사실을 잊지 마십시오. 누구는 아프고 누구는 실패하고 누구는 성공하고 누구는 잘난 역할을 맡게 될지도 모릅니다. 더 나은 자리는 없습니다. 모두가 다 필요한 배역입니다. 충실히 감당하십시오.

목사들의 세계에서도 이 문제는 참 어렵습니다. 큰 교회를 맡는 것을 성공으로 여기는 사람들이 있습니다. 큰 교회라서 세고 작은 교회라서 약하지 않습니다. 단지 하나님이 하실 일이 다를 뿐입니다. 하나님이 높이시는 날이 있고 낮추시는 날이 있습니다. 하나님이 높이 드셔서 기뻐했다면 낮추시는 일도 잘 감수해야 합니다. 이것이 하나님 앞에서 사는 인생의 유일한 원리입니다. 우리를 높이 드시는 날도 낮추시는 날도 감사하십시오. 아무나 감당할 수 있는 인생이 아닙니다. 우리에게 주신 인생, 그것만큼 귀한 사명과 일거리는 없습니다. 남을 쳐다볼 틈이 없습니다.

배우가 역할을 맡다 보면 젊은 나이인데도 노인 역을 맡게 되는 경우가 있습니다. 그런데 연습할 때에는 열심히 노인 분장을 했다가 정작 카메라 앞에 섰을 때는 분장을 지워 버리고 젊은 얼굴로 나타난다고 생각해 봅시다. 극 중 배역과 상관없이 언제나 예쁜 얼굴로 한몫하는 배우이기에 분장을 지워 버리고 싶은 것입니다. 그래서 시어머니가 며느리보다 젊게 나오기도 합니다. 드라마가 만들어 낼 결론을 위하여 자기 역할을 하지 않고 그저 얼굴이 잘 드러나는 것에만 신경을 쓰는 모습입니다. 자기 배역을 모르는 것입니다.

우리가 그렇습니다. 하나님이 거대한 드라마를 통해 메시지를 전달하시려는데 우리에게 한 배역을 맡기셨습니다. 그런데 우리는 배역과 상관없이 예쁜 얼굴로 등장하기만을 원합니다. 자존심 때문에 아름답고 영광스러운 배역을 차 버리는 어리석은 모습입니다.

예수 믿는 것이 사명임을 잊어서는 안 됩니다. 이보다 더 큰 복은 없습니다. 나에게 주어진 이 길, 이 인생을 하나님 앞에 바칠 수 있기를 바랍니다. 그때 하나님이 나를 통하여 역사하시는 놀라운 기적과 능력과 영광과 감격을 맛볼 것입니다. 그렇게 살지 못해서 삶이 재미없는 것입니다. 이 믿음과 성숙과 사명으로의 초대를 놓치지 마십시오. 그리하여 하나님의 놀라운 복을 소유하기를 바랍니다.

남겨 둔
죄

#05

/

21 그 때에 여호수아가 가서 산지와 헤브론과 드빌과 아납과 유다 온 산지와 이스라엘의 온 산지에서 아낙 사람들을 멸절하고 그가 또 그들의 성읍들을 진멸하여 바쳤으므로   22 이스라엘 자손의 땅에는 아낙 사람들이 하나도 남지 아니하였고 가사와 가드와 아스돗에만 남았더라   23 이와 같이 여호수아가 여호와께서 모세에게 말씀하신 대로 그 온 땅을 점령하여 이스라엘 지파의 구분에 따라 기업으로 주매 그 땅에 전쟁이 그쳤더라 **(여호수아 11:21-23)**

본문 말씀에는 우리에게 경각심을 주는 내용이 담겨 있습니다. 여호수아 11장 16절을 보면 "여호수아가 이같이 그 온 땅 곧 산지와 온 네겝과 고센 온 땅과 평지와 아라바와 이스라엘 산지와 평지를 점령하였으니" 하는 보고가 있고, 17절을 보면 "곧 세일로 올라가는 할락 산에서부터 헤르몬 산 아래 레바논 골짜기의 바알갓까지라 그들의 왕들을 모두 잡아 쳐죽였으며"라는 기록이 있습니다.

하나님은 여호수아에게 이스라엘 백성을 이끌고 가나안 땅에 들어가서 가나안 땅 원주민들을 진멸하고 그 땅을 빼앗아 이스라엘의 기업으로 삼을 것을 명령하셨습니다. 요단강을 맨발로 건넜고 여리고 성을 열 세 바퀴 돌아 무너뜨린 큰 기적을 배경으로 가나안 땅에 있는 원주민과의 싸움에서 승리하는 것이 여호수아에게 주어진 사명입니다. 본문에 기록된 바와 같이 여호수아는 그 땅을 모두 빼앗고 그 땅의 주인이었던 왕들을 무찔렀습니다.

21절 이하를 다시 보면 '그 때에 여호수아가 가서 산지와 헤브론과 드빌과 아납과 유다 온 산지와 이스라엘의 온 산지에서 아낙 사람들을 멸절하고 그가 또 그들의 성읍들을 진멸하여 바쳤으므로 이스라엘 자손의 땅에는 아낙 사람들이 하나도 남지 아니하였'다고 합니다. 23절을 보면 '그 땅에 전쟁이 그쳤더라'라고 되어 있습니다. 이 기록에는 한 가지 중요한 사실이 들어 있는데 얼핏 지나치기 쉽습니다. 22절에서는 "이스라엘 자손의 땅에는 아낙 사람들이 하나도 남지 아니하였고 가사와 가드와 아스돗에만 남았더라"라는 중요한 이야기를 얼버무리듯 언급합니다. 이번 장에서는 아낙 사람들이 가사와 가드와 아스돗에만 남았다는 말씀이 무엇을 의미하는지를 추적해 보려고 합니다.

신앙생활을 영위하는 데 있어 하나님이 중요하게 여기시는 것을 나도 중요하게 여기고 하나님이 소홀히 여기시는 것을 나도 소홀히 여기면 신앙이 상당히 높은 경지에 이른 사람입니다. 대부분의 신자는 하나님이 중요하게 여기시는 것을 중요하게 여기지 않고 하나님이 사소하게 여기시는 것을 사소하게 여기지 않습니다.

어떤 과부가 헌금으로 200원을 바쳤습니다. 예수님이 "그는 전 재산을 드렸다"라고 칭찬하셨습니다. 또 예수님은 우리가 주님의 이름으로 어린아이에게 물 한 그릇 준 것도 기억하겠다고 하셨습니다. 이는 과부가 헌금한 행위와 우리가 어린아이에게 물을 준 행위를 예수님이 사소하게 보지 않으신 대목입니다. 한편 우리가 중요하게 여기는 것을 예수님은 중요하게 여기지 않으신 경우를 보여 주는 대표적인 성경 구절이 있습니다. "그 날에 많은 사람이 나더러 이르되 주여 주여 우리가 주의 이름으로 선지자 노릇 하며 주의 이름으로 귀신을 쫓아 내며 주의 이름으로 많은 권능을 행하지 아니하였나이까 하리니 그 때에 내가 그들에게 밝히 말하되 내가 너희를 도무지 알지 못하니 불법을 행하는 자들아 내게서 떠나가라 하리라"(마 7:22-23). 이런 우리의 오해가 신앙의 성장을 가로막고 신앙생활을 방해하는 요소가 됩니다.

여호수아가 "다 진멸했습니다. 그저 가사와 가드와 아스돗에만 조금 남았습니다. 대수롭지 않습니다"라고 흘려 말한 것에 대하여 하나님이 기록을 남겨 두신 이유가 있습니다. 아낙 자손이 남아 있는데도, 이스라엘 백성이 가나안 땅을 점령하고 평화를 유지하는 데에는 아무런 방해가 되지 않을 것이라고 여긴 여호수아의 생각에 주목해야 합니다.

사사기 16장 1절을 보면 '삼손이 가사에 가서 거기서 한 기생을 보고 그에게로 들어갔'다는 기록이 나옵니다. 가사는 당시 블레셋의 중요한 도시 중 하나입니다. 삼손은 이 땅에서 이방 여인 들릴라를 만납니다. 아무도 그를 대적하지 못했는데 그런 그가 바로 이 가사에서 마침내 머리가 깎이고 눈이 뽑히고 감옥에 갇혀 불행한 최후를 맞게 됩니다.

우리는 만일 여호수아가 당대에 '가서 저 성(가사)을 취하라'라는 명령을 내렸어도, 어차피 후대에 삼손이라는 인물이 필요했을 것이라고 생각합니다. 성경은 이를 날카롭게 지적합니다. 여호수아는 사소한 문제로 여겨서 가사를 남겨 놓았는데, 그것이 자라 결국 이스라엘을 떨게 하고 이스라엘에서 가장 힘센 장사를 삼킵니다. 우리가 남겨 놓은 가사와 가드와 아스돗이 어느덧 장성하여 아무리 강한 삼손이라도 이길 수 없는 무시무시한 권력으로 우리를 짓누르게 됩니다. 내가 오늘 처치하지 못한 죄의 뿌리들이 싹트고 자라서 힘을 갖기 시작하면 어떤 것으로도 무너뜨릴 수 없는 가장 큰 세력이 되어 나타난다는 성경의 지적입니다.

가사라는 지명은 '강한 곳'이라는 뜻입니다. 공교로이 삼손이라는 이름도 '강한 자'라는 뜻입니다. 이스라엘 민족 중 가장 강한 자를 보내도 실패할 정도로 가사는 강한 곳이 되었습니다. 여호수아 시대에는 '저곳을 무찌르자'라고 한마디만 했다면 무너뜨릴 수 있었던 곳입니다. 그런데 나중에는 이스라엘 민족의 최고 영웅이 달려가도 함락할 수 없는 곳으로 등장합니다. 이처럼 지금 우리가 할 수 있는 일을 하지 않음으로 나중에 당할 보복에 대해 긴장해야 합니다.

여호수아의 보고와 같이 그 땅은 평안했습니다. 가사와 가드와 아스돗에 적군이 남아 있었지만 그들은 싸울 만한 세력이 없어 보였습니다. 그래서 여호수아는 전쟁을 멈추고 적군을 진멸하는 소탕전을 끝내고 평화를 공포했습니다. 그런데 몇 십 년이 흘러 이런 일을 당합니다. 예수를 믿는 것은 나의 일생을 온전히 주 앞에 바치는 것입니다. 그렇게 하지 않으면 가사와 가드와 아스돗에 적이 남아 있게 됩니다. 다음 장에서 가드와 아스돗에 대해 살펴보겠지만 설명하기 끔찍할 정도로 엄청난 비극이 일어납니다.

우리 속에는 미처 다 뽑아내지 못한, 세상으로부터 오는 유혹의 찌꺼기들이 남아 있습니다. 예수를 믿는다는 것은 자신의 행복을 바라는 것이 아닙니다. '하나님, 이제 하나님 마음대로 하십시오'라는 고백이며 실천입니다. 하나님이 나에게 복을 주시면 감사한 것이고 하나님이 나에게 어려움을 주시면 그 또한 감사한 것입니다. 이것이 주 앞에 살겠다고 결심하는 신자의 기본자세입니다.

계백 장군은 황산벌 싸움터에 나가면서 남겨 둔 처자들 때문에 마음이 흔들릴까 봐 가족을 모두 죽이고 나갑니다. 한 나라의 국방을 책임지는 군인의 사명감도 그 정도인데, 하나님의 사람으로 부름받은 영적 군사들은 하나님이 감수하라고 하시는 일에 사명을 다해야 하지 않습니까. 그런데도 우리는 "하나님을 믿었으니 남보다 더 나은 것을 주십시오"라는 어처구니없는 요구를 합니다.

미국에 한 교회가 있었는데, 이 교회는 남북전쟁 이전에 세워져서 철재가 아닌 나무로 되어 있었습니다. 교회당 안을 오르내릴 때마다 삐걱거리고 목사님이 설교하려고 들어오면 마룻바닥이 꺼지는 듯한 소리가 나서 큰 불편을 겪었습니다. 겨울에 난방시설도 형편없고 여름에는 신자들이 부채질해 가며 설교를 들었습니다. 그런 교회가 예산의 70퍼센트를 교회 밖에서 남을 위해 사용하고 있었습니다. 그 교회 목사님은 "내가 하고 싶은 것을 다 하면서 어떻게 남을 돕겠는가"라고 했습니다. 참으로 중요한 이야기입니다. 내려놓지 못한 욕심들이 있으면 선을 행할 수 없습니다. 각자가 남겨 둔 가사와 가드와 아스돗 안의 적들이 이와 같습니다. 우리에게 이런 부분이 남아 있음을 늘 명심하십시오. 나를 채우고 남은 것을 내려놓으니까 아무것도 안 남습니다. 내 것을 깎아서 내놓아야 합니다. 신앙은 내가 내놓고 싶은 것을 내놓는 것이 아니라 하나님이 나에게 무엇을 내놓으라고 하시는지를 알아듣고 그것을 내놓기 위해 노력하는 것입니다. 그렇게 성장해야 합니다.

그런데 우리는 이렇게 성장하는 신앙이 아니라 늘 쳇바퀴를 도는 신앙 패턴을 가지고 있습니다. 계속 죄를 지어 오다가 한계에 이르면 조심조심 교회에 들고 와서 폭발해 버립니다. 그렇게 다 털어 버린 다음 안심하고 돌아가서 다시 새 항아리를 준비하고 죄를 쌓아 가다가 가득 차면 또 교회에 와서 폭발합니다. 그래서 때가 되면 기도원에 가곤 합니다. 한마디로 우스운 신앙입니다. 이런 식으로 계속 반복합니다. 하나님이 요구하시는 인생을 살겠다고 약속해 놓고 하나님이 무엇을 어떻게 요구하시는지와는 상관없이 내 마음대로 신앙을 만들어 가고 있습니다.

하나님이 요구하시는 신앙이 무엇인지 매일 확인해야 합니다. 우리에게는 이런 노력이 없습니다. 자기가 만든 것으로 혼자 제사 지내고 기뻐합니다. 이것이 신자들의 약점입니다. 이스라엘 역사가 전부 이를 증명하기 위하여 있습니다.

이스라엘 백성은 그들이 저지르는 죄로 말미암아 하나님의 징계를 받고 꾸중을 듣습니다. 하나님은 그들에게 선지자를 보내어 회개하라고 촉구하십니다. 그러나 그들은 회개하지 않고 계속 방심합니다. 그런데 방심이 점점 자라서 큰 악이 됩니다. 위만 잘라 내도 됐는데 작은창자, 큰창자에까지 퍼져서 다 도려내니까 어금니 하나 남았습니다. 수술을 하나마나입니다. 차라리 죽는 것이 나을 것입니다. 그래서 이스라엘 백성은 던져집니다.

이스라엘 역사는 언제나 이렇습니다. "고쳐라. 고쳐라" 하며 하나님이 계속 의사 즉 선지자들을 보내십니다. 그런데 계속 말을 듣지 않아서 머리끝부터 발끝까지 문제가 생깁니다. 수술해 봤자 소용이 없어서 이방 민족의 시체실에 던져집니다. 그래서 블레셋에게, 모압에게, 암몬에게, 앗수르에게, 바벨론에게 쉼 없이 잡혀 들어가는 것입니다. 이런 이스라엘 역사를 우리 모두가 반복하고 있습니다. 오늘 우리가 결심해야 할 것은 하나님이 싫어하시고 잘라 내라고 하시는 부분을 잘라 내는 순종뿐입니다. 이 자리로 돌아와야 합니다. 우리 인생은 희생을 강요받는 인생입니다.

우리 삶이 그렇지 않습니까. 나를 만족스럽게 하고 내 가정을 만족스럽게 하고 내가 책임지는 모든 사람을 만족스럽게 하고 난 다음에도 얼마든지 할 수 있는 신앙생활이라면 우리는 왜 순교를 요구받겠습니까. 그런 신앙생활에서는 죽도록 충성하라는 요구를 받지 않을 것입니다. 얼마나 어렵고 감당할 수 없는 일이기에 예수님이 "너희가 환난을 당할 것이다. 그러나 나를 기억하고 참아라"라고 하셨겠습니까. 오죽하면 처자를 미워하라고 하셨겠습니까. '너희 몸은 죽여도 영혼은 죽일 수 없는 자를 두려워하지 말라'고 하셨습니다. 우리는 이 자리까지 와야 합니다.

모든 책임을 집어던지고 갑자기 주의 일만을 하자는 뜻은 아닙니다. 우리가 많은 부분을 놓치고 세상을 위하여 할애하고 사는 것에 대한 성경의 지적을 아프게 받자는 말입니다. 돌이키십시오. 자녀가 대학교에 못 가면 어떻습니까. 똑똑한 사람이 되면 좋겠지만 똑똑하기만 하면 된다는 생각으로 자녀를 기르지는 마십시오.

칭찬받을 일이든, 그렇지 못할 일이든 하나님이 요구하신다면 순종해야 합니다. 우리는 칭찬받을 만한 일을 좋아합니다. 그런 일을 하게 해 달라고 기도합니다. 우리 안에 남겨 놓은 것들입니다. 세상 권력, 물질을 우리 안에 남겨 둔다면 우리는 전진하지 못합니다. 결국에는 그것이 우리 앞을 막아서고 우리를 항복시켜 들릴라의 유혹을 받게 할 것입니다. "네 힘이 어디 있느냐"라는 물음을 받을 것입니다.

하나님의 종인 삼손이 최후에 어떤 결과를 맞았는지 기억하십시오. 하나님의 사람이 되기로 결심했다면 무엇이든 순종하는 수밖에는 없습니다. 우리는 그렇게 살아야 하는 사람들입니다.

어떻게 하시겠습니까? 우리 안에 남겨 놓은 세상을 향한 거점들을 버리십시오. 살지 말라는 이야기가 아닙니다. 삶은 하나님이 책임지실 것입니다. '공중의 새를 보라. 들의 백합화가 어떻게 자라는가 생각하여 보라. 오늘 있다가 내일 아궁이에 던져지는 들풀도 하나님이 이렇게 입히시거든.' 이것이 하나님의 약속입니다.

우리는 그의 나라와 그의 의를 위해 부름받은 사람들입니다. 이것이 우리의 자랑이며 보람입니다. 이것을 모르고 인생을 논할 수 없습니다. 왜 한쪽 다리를 세상에 걸치고 있습니까? 하나님 앞으로 돌아오십시오. 그렇게 살아야만 감격이 있습니다. 하나님의 역사하심을 위하여 오늘 각자의 마음을 청소하십시오. 그래서 하나님의 사람이 되기로 합시다. 우리는 그 일을 위하여 부름받았습니다. 이 복을 놓치지 말고 순종하고 충성하여 우리가 남겨 둔 세상에서의 이익과는 비교할 수 없는 감격을 각자의 입술로 간증하게 되기를 바랍니다.

영적
싸움

#06

/

21 그 때에 여호수아가 가서 산지와 헤브론과 드빌과 아납과 유다 온 산지와 이스라엘의 온 산지에서 아낙 사람들을 멸절하고 그가 또 그들의 성읍들을 진멸하여 바쳤으므로 22 이스라엘 자손의 땅에는 아낙 사람들이 하나도 남지 아니하였고 가사와 가드와 아스돗에만 남았더라 23 이와 같이 여호수아가 여호와께서 모세에게 말씀하신 대로 그 온 땅을 점령하여 이스라엘 지파의 구분에 따라 기업으로 주매 그 땅에 전쟁이 그쳤더라 **(여호수아 11:21-23)**

앞 장에서는 성경에 나온 사건을 통하여, 가사가 이스라엘 백성에게 어떤 대적으로 나타났는지 살펴보았습니다. 이스라엘 민족 중 가장 위대했던 영웅 삼손이 가사에 가서 들릴라라는 여인에게 사로잡히게 되고 그의 종말이 비참하게 끝난 사건입니다.

여호수아가 두 번째로 남겨 두었던 가드 땅에 대해 성경이 하는 이야기를 살펴보겠습니다. 먼저 사무엘상 17장 4절부터 7절을 봅시다. "블레셋 사람들의 진영에서 싸움을 돋우는 자가 왔는데 그의 이름은 골리앗이요 가드 사람이라 그의 키는 여섯 규빗 한 뼘이요 머리에는 놋 투구를 썼고 몸에는 비늘 갑옷을 입었으니 그 갑옷의 무게가 놋 오천 세겔이며 그의 다리에는 놋 각반을 쳤고 어깨 사이에는 놋 단창을 메었으니 그 창 자루는 베틀 채 같고 창 날은 철 육백 세겔이며 방패 든 자가 앞서 행하더라"라고 골리앗을 소개합니다. 8절과 9절을 이어서 봅시다. "그가 서서 이스라엘 군대를 향하여 외쳐 이르되 너희가 어찌하여 나와서 전열을 벌였느냐 나는 블레셋 사람이 아니며 너희는 사울의 신복이 아니냐 너희는 한 사람을 택하여 내게로 내려보내라 그가 나와 싸워서 나를 죽이면 우리가 너희의 종이 되겠고 만일 내가 이겨 그를 죽이면 너희가 우리의 종이 되어 우리를 섬길 것이니라." 골리앗이 이스라엘을 모욕하며 참으로 담대한 제안을 합니다. 11절을 보면 "사울과 온 이스라엘이 블레셋 사람의 이 말을 듣고 놀라 크게 두려워하니라"라고 합니다.

우리는 다윗과 골리앗 사건을 잘 압니다. 하나님이 다윗으로 하여금 골리앗을 쳐서 이기게 하신 이야기입니다. 이 이야기를 단순히 하나님 편에 선 자가 하나님 편에 서지 않은 자를 이긴 사건으로만 이해하면 안 됩니다. 성경은 먼저 이 일이 왜 일어났는지를 본문 말씀 여호수아 11장에서 암시합니다. 이 싸움은 가드를 남겨 놓았기 때문에 일어난 것입니다. 이 사건에 담긴 의미가 사무엘상 17장에 나옵니다.

사무엘상 17장에 이르기까지 이스라엘 백성은 여호수아를 좇아 가나안에 들어가 그 원주민을 쫓아내라는 명령을 지키지 못합니다. 사사기에 이르러 그들은 하나님 앞에 혼이 납니다. "세상 원리들과 타협하지 말아라. 세상 것들을 좋아하지 말아라. 그들과 섞이지 말고 그들을 잘라 내라"라는 의도로 가나안 족속을 몰아내라고 하셨습니다. 그런데 이스라엘 백성은 그렇게 하지 않습니다. 가사와 가드와 아스돗을 진멸하지 않고 남겨 놓은 것은 그들이 세상 것을 좋아했기 때문이라고 성경은 지적합니다. 그 결과 사사기에서 그들은 하나님을 버리고 세상과 타협하여 크게 혼이 납니다. 이스라엘 백성이 블레셋, 모압, 암몬, 아말렉 등 주변 모든 국가에게 지독하게 시달리는 내용이 사사기에 나옵니다.

이웃 나라가 더 강해서 이스라엘을 친 것이 아닙니다. 이스라엘이 몰아내지 못한 세상 것들이 올무가 되어 이스라엘을 괴롭힌 것입니다. 여호수아서에도 분명히 나와 있습니다. "너희가 얻는 땅에 들어가서 그들의 성벽을 두려워하지 말고 그들의 군세를 무서워하지 말고 몰아내라. 내가 하나같이 너희 앞에서 그들을 쓸어 내겠다."

그들이 실제로 여리고 성을 무너뜨릴 때 하나님이 하신 약속의 진실성이 드러납니다. 그들은 열세 바퀴를 돌아서 여리고 성을 무너뜨리고 승리했습니다. 가사와 가드와 아스돗은 그들이 진멸하지 않아서 남아 있는 곳입니다. 그런데 그들은 사사기에 이르기까지 이를 영적 싸움 곧 하나님에게 순종해야 하는 싸움으로 보지 않고, 자기들의 세력이 약해서 이기지 못한다고만 생각합니다. 그래서 그들은 하나님에게 왕을 달라고 요구합니다. 자기들이 신앙적으로 진실되기를 요구하거나 회개하는 자리로 가지 않고 왕이 없어서 졌다며 왕을 달라고 합니다. 그래서 받은 왕이 사울입니다.

"너희가 나를 의지하지 않고 세상적으로 힘을 키워 세상을 이길 수 있다고 생각하느냐? 어리석은 자들아!" 하나님은 이스라엘 백성들을 보고 안타까워하셨습니다. 우리가 남겨 놓은 죄의 뿌리가 성장하여 큰 위협이 된 것을 모르고 문제가 자신에게 있었던 것을 깨닫지 못하고, 커져 버린 사건을 이겨 낼 더 큰 힘을 달라고 합니다. 성경은 이에 대한 대답으로 다윗과 골리앗의 싸움을 보여 줍니다. 여기 다윗이 등장합니다.

사무엘상 17장 31절부터 봅시다. '어떤 사람이 다윗이 한 말을 듣고 그것을 사울에게 전하였으므로 사울이 다윗을 부른지라 다윗이 사울에게 말하되 그로 말미암아 사람이 낙담하지 말 것이라 주의 종이 가서 저 블레셋 사람과 싸우리이다 하니 사울이 다윗에게 이르되 네가 가서 저 블레셋 사람과 싸울 수 없으리니 너는 소년이요 그는 어려서부터 용사임이니라 다윗이 사울에게 말하되 주의 종이 아버지의 양을 지킬 때에 사자나 곰이 와서 양 떼에서 새끼를 물어가면 내가 따라가서 그것을 치고 그 입에서 새끼를 건져내었고 그것이 일어나 나를 해하고자 하면 내가 그 수염을 잡고 그것을 쳐죽였나이다 주의 종이 사자와 곰도 쳤은즉 살아 계시는 하나님의 군대를 모욕한 이 할례받지 않은 블레셋 사람이리이까 그가 그 짐승의 하나와 같이 되리이다 또 다윗이 이르되 여호와께서 나를 사자의 발톱과 곰의 발톱에서 건져내셨은즉 나를 이 블레셋 사람의 손에서도 건져내시리이다'(삼상 17:31-37 중).

다윗의 고백이 재미있습니다. 상대가 얼마나 큰 존재인지는 관계없다고 합니다. '나를 사자의 발톱에서 꺼내신 하나님이 골리앗도 이기게 하실 것이다. 이것은 동일한 싸움이기 때문이다'라는 것입니다. 이스라엘 백성들이나 오늘날 신자들은 이 싸움에 대해 백 명, 천 명의 원군 아니 원자탄 정도는 있어야 이길 수 있다고 생각합니다. 외적 조건만으로 판단합니다. 이러한 생각이 바로 가사와 가드와 아스돗 정도의 적은 남아 있어도 괜찮다는 생각입니다. 그들이 한 오해였습니다. 그 땅에 전쟁이 그치고 이스라엘이 평화를 유지하는 데 가사와 가드와 아스돗 정도는 아무런 문제가 되지 않을 것이라고 생각했습니다. 다윗의 생각과 차이가 있습니다.

이스라엘 백성이 무시했던 것들이 지금 눈앞에 골리앗으로 나타났습니다. 그래서 그들은 '칼을 들고 싸워야겠다. 미사일과 전투기가 있어야겠다' 하는 식으로 골리앗을 상대하려고 합니다. 그러나 다윗은 이 문제를 다르게 풉니다. 그는 이것이 하나님을 의지해서 풀어야 할 문제임을 압니다. 하나님이 다윗을 통해 이 문제를 푸시는 이유입니다. 이 문제는 외적 조건에 관한 것이 아니라 신앙의 원리에 관한 것임을 이스라엘 백성에게 다시 확인시키기 위해서입니다. 그들이 가드에 남겨 놓았던 죄의 뿌리에 관한 싸움입니다. 이 싸움은 외적 규모의 문제가 아님을 증명하기 위하여, 사울과 이스라엘 군대가 아닌 원리에 가장 순복하는 목동 다윗을 들어 이 사건을 해결하십니다. 우리가 깨달아야 할 핵심입니다.

골리앗이 나타났으니 골리앗보다 센 자만 그를 이길 것이라는 식으로 생각하지 말아야 한다는 말씀입니다. 다윗이 강했기 때문에 이겼다고 생각하지 마십시오. 가드를 무너뜨릴 수 있었지만 그러지 않았던 일의 결과가 바로 몇 십 년, 몇 백 년 후에 그 후손에게서 나타납니다. 여호수아가 '저 성을 빼앗자'라고 한마디만 했으면 되었을 일입니다. 그때 가드가 제발 살려 달라고 해서 남겨 두었습니다. 당시 방치했던 일이 이제 일어납니다. 그러니 무서워하지 말라는 이야기입니다. 그때 무릎 꿇고 빌면서 멸망하지 말아 달라고 했던 가드와 지금 항복하라고 하는 골리앗을 같은 관점에서 봐야 한다고 성경은 지적합니다.

그때 용서해서도 안 되었으며, 지금도 두려워할 필요가 없는 상대입니다. 그렇지만 그때 절대 방치해서는 안 되었던 것을 방치했기 때문에 후에 그것이 얼마나 큰 위협으로 나타났는지에 대해서 뼛속 깊이 기억하라고 다윗과 골리앗의 싸움을 보여 주십니다. 하나님은 이 문제를 사울과 이스라엘 군사로 해결하지 않으십니다. 이스라엘 백성이 사울을 왕으로 삼은 것은 그들의 외교를 강성하게 하기 위하여 인간적 차원에서 강구해 낸 방법이기 때문에 하나님은 그 방법으로 이 문제를 해결하지 않으십니다. 이 장면에서 다윗을 등장시키시는 하나님의 의도를 알아야 합니다.

45절부터 봅시다. "다윗이 블레셋 사람에게 이르되 너는 칼과 창과 단창으로 내게 나아 오거니와 나는 만군의 여호와의 이름 곧 네가 모욕하는 이스라엘 군대의 하나님의 이름으로 네게 나아가노라 오늘 여호와께서 너를 내 손에 넘기시리니 내가 너를 쳐서 네 목을 베고 블레셋 군대의 시체를 오늘 공중의 새와 땅의 들짐승에게 주어 온 땅으로 이스라엘에 하나님이 계신 줄 알게 하겠고 또 여호와의 구원하심이 칼과 창에 있지 아니함을 이 무리에게 알게 하리라 전쟁은 여호와께 속한 것인즉 그가 너희를 우리 손에 넘기시리라"(삼상 17 : 45-47).

이 말씀을 보고 다윗은 믿음이 좋았을 것이라거나 하나님만 믿으면 모든 것이 이루어질 것이라는 식으로 생각하지 마십시오. 그 생각이 틀리지는 않았지만 정답도 아닙니다. "우리가 어떻게 하면 세상에서 하나님의 복을 받고 살 수 있는가?" "신앙생활을 하면 된다." "신앙생활은 어떻게 할 수 있는가?" "열심히 기도하면 된다." 이런 식의 대답처럼 정답 같지만 정답이 아닙니다. "다윗은 왜 골리앗을 물리쳤는가?" "하나님을 믿어서 그렇다" 하는 식으로 생각하기 때문에 우리 신앙이 여태 성장하지 못했습니다. "다윗을 보십시오. 골리앗을 무서워하지 말고 우리도 나가서 싸우면 됩니다. 그들은 별 것 아닙니다"라고 설교하면 쉽습니다. 그런데 정작 신앙생활에 적용할 때는 골리앗도 안 보이고, 다윗도 안 보이고 물맷돌을 언제 던져야 할지도 모릅니다.

우리 신앙의 약점은 두리뭉실하게 알고 믿는다는 데에 있습니다.

이 사건에서 필요한 것은 다윗이 등장한 배경과 사울과 이스라엘 백성이 전전긍긍하는 엑스트라로 동원된 사실에 대한 이해입니다. 가드 사람 골리앗 앞에 물맷돌을 들고 있는 다윗의 모습을 드라마틱하게 연상해야 합니다. 하나님이 왜 이런 장면을 만드셨습니까? 이스라엘이 하나님의 명령을 어기고 무찌르지 않았던 가드가 덩치를 키워 막강하게 되었을 때 그 앞에서 벌벌 떠는 어리석은 자들이 바로 우리입니다. 그 당시에 없애야 했던 문제입니다. 그때 없애지 못했다면 지금이라도 없애라는 이야기입니다. 동일한 싸움입니다. 상대의 외적 크기와는 비례하지 않는 신앙의 싸움입니다.

신자들은 늘 이 문제를 겪습니다. 신앙생활에서 가장 충격을 받는 부분은 자신이 남겨 놓은 가드에서 골리앗이 자란 일일 수 있는데, 신자들은 이 사실을 잘 모릅니다. 결혼 상대를 고를 때, 신앙을 첫째 조건으로 드는 사람이 없습니다. 첫째 조건은 '누구랑 결혼해야 굶지 않을까'입니다. 그것을 선택 기준으로 삼고 결혼합니다. 물론 자기는 예수를 믿기 때문에 교회에서 결혼할 것이며 상대방도 세례 정도는 받은 사람이어야 한다고 말합니다. 상대방도 세례를 받아 주겠으며 아무래도 식장에서 결혼하는 것보다 돈이 덜 드는 교회에서 하는 것이 낫다고 합니다. 그리고는 현명한 결정이라고 생각합니다. 이것이 여호수아 11장 22절에 기록된 내용과 같습니다. '아낙 자손들이 가사와 가드와 아스돗에만 남았으며 그 땅에 전쟁이 그쳤더라.' 그 땅에 평화가 있습니다. 결혼식을 올리는 데 아무런 장애 요소가 없습니다. 신혼이라는 단꿈을 꾸고 결혼이 성립하는 데 방해되는 것은 없습니다. 상대가 신자로 무릎 꿇지 않았음은 서로가 잘 알고 있습니다. 그렇다는 것을 알고 결혼합니다. 그러다 결혼 생활 20년 만에 골리앗이 등장합니다. 어느 날 남편이 "난 교회 갈 수 없다. 당신이 주일 아침에 식사도 안 차려 주고 교회 가는 것도 싫다. 그러니 집을 나가든지 마음대로 해" 하는 식으로 나옵니다.

왜 이렇게 됐는지를 명심해야 합니다. 남겨 놓은 가드가 커져 버린 것입니다. 처음에 실수한 그 대목으로 돌아가야 합니다. 가드를 남겨 두지 말고 진멸하십시오. 아스돗을 회피하지 마십시오. 다시 무릎을 꿇고 "맞습니다, 하나님! 이 문제는 제가 주님 말씀에 순종하지 못하고 남겨 놓았던 뿌리가 지금 열매를 맺은 것뿐입니다. 다시 와서 무릎 꿇나니 어떻게 해결하시든지 좋습니다. 망신을 주셔도 좋습니다. 제가 이 문제를 뿌리 뽑겠습니다" 하는 지점까지 와야 합니다. 이것이 신앙입니다.

예수를 믿고 산다는 것은 참으로 복된 삶입니다. 그 복은 더러움 가운데 앉아서 진리를 외면하고 우리 마음대로 해도 괜찮다는 것이 아닙니다. 하나님은 분명 우리 영혼에 손해가 되는 것을 떨쳐 버리고 벗어 버리라고 요구하십니다. "그건 안 된다. 만지지 마라. 쳐다보지 마라. 들어가지 마라. 나와라. 네 오른눈이 너를 실족하게 하거든 뽑아라. 네 오른손이 너를 실족하게 하거든 잘라라"라고 하십니다. 우리는 이 말씀을 외면합니다.

우리는 천국이 목적이 아니라 세상이 목적인듯 삽니다. 세상에서 오래 버티려고 하니까 굶지 않는 것이 가장 중요합니다. 돈과 지위가 중요합니다. 그렇게 남겨 놓고 와서 기도합니다. "하나님, 너무하십니다. 제가 예배도 드리고 철야 기도도 했는데 결국 돌아오는 것이 이것뿐입니까?" 원망하는 마음에 멋대로 살아갑니다. 이런 식으로 악순환을 반복합니다. 지금은 우리가 승리한 것 같습니다. 여호수아 시대의 가드와 같이 별 문제가 아닌 일 같습니다. 언젠가 그것이 문제가 될 날이 옵니다. 하나님과 상관없이 산다면 어느 날 돌아옵니다. 그 자녀들도 하나님을 두려워할 줄 모르게 됩니다. 그렇게 배운 적이 없기 때문입니다. 공부하는 데만 신경을 썼을 뿐입니다. 좋은 학교, 좋은 직장에 들어가고 잘 먹고 잘사는 것을 중요하게 생각합니다. 우리가 그렇게 키운 것입니다. 우리가 남겨 둔 가드에서 골리앗이 무럭무럭 자라고 있었던 것입니다. 지금이라도 그 뿌리를 뽑으라고 성경은 요구합니다. 우리 마음속에서 이 뿌리를 뽑아낼 때까지 하나님은 우리를 달달 볶으십니다.

사무엘상 17장 45절입니다. "다윗이 블레셋 사람에게 이르되 너는 칼과 창과 단창으로 내게 나아 오거니와 나는 만군의 여호와의 이름 곧 네가 모욕하는 이스라엘 군대의 하나님의 이름으로 네게 나아가노라." 다윗은 이스라엘을 모욕하는 골리앗을 무서워하는 것이 아닙니다. '네가 모욕하는 이스라엘 군대의 하나님의 이름으로'라는 다윗의 말에는 피가 역류할 정도의 분노가 있습니다. 이스라엘의 하나님이 남들 앞에서 모욕을 당해도 백성들이 꼼짝하지 못하는 상태에 대한 분노입니다. 이스라엘의 왕, 홍해를 가르시고 애굽의 바로 왕을 묵사발로 만드신 하나님이, 길러 내고 구출해 내고 복을 준 백성들 앞에서 모욕을 당한다는 것에 다윗은 분노합니다. '네가 모욕하는 이스라엘 군대의 하나님의 이름으로 네게 나아가노라.' 이 분노가 우리 마음속에 있습니까?

모든 사람이 안하무인격으로 예수 믿는 사람을 향하여 "하나님이 있으면 보여 봐라" 하는 소리를 겁도 없이 합니다. 우리가 예수 믿는 것을 보니 하나님이 보이지 않기 때문입니다. 정말 하나님을 만나고 온 것 같은 긴장과 두려움과 거룩함이 우리 삶이나 표현에 없기 때문입니다.

하나님이 살아 계심을 우리는 보여 줄 수 없다면서 쉽게 생각해 버리지 마십시오. 하나님을 만난 우리를 보고 '저 사람은 틀림없이 누구를 만나 본 것 같다'라는 느낌이 전달되지 않는 것은 우리 잘못입니다. 다윗이 하는 분노가 바로 오늘 우리에게 닿아야 합니다. '네가 모욕하는 이스라엘 군대의 하나님의 이름으로 네게 나아가노라.' 나를 사랑하시는 하나님, 내가 사랑하는 하나님에 대한 북받치는 뜨거움이 우리 마음에 있습니까? 우리가 어쩌다가 이렇게 맹숭맹숭하게 믿는 사람이 되었고, 하나님이 이렇게 모욕을 받게 되었는지에 대해 생각해 보아야 합니다.

우리 마음에 이 분통이 있으면 좋겠습니다. 어쩌다 하나님이 모욕을 당하고 우스워진 세상에서 살아가게 되었습니까? 이렇게 된 것에 대한 안타까움이 우리에게 없습니다. 엄벙덤벙 살고 있으면서도 우리가 잘하고 있는 것 같이 뻔뻔합니다. 우리의 잘못을 깨달아야 합니다.

사무엘하 21장 18절입니다. "그 후에 다시 블레셋 사람과 곱에서 전쟁할 때에 후사 사람 십브개는 거인족의 아들 중의 삽을 쳐죽였고 또 다시 블레셋 사람과 곱에서 전쟁할 때에 베들레헴 사람 야레오르김의 아들 엘하난은 가드 골리앗의 아우 라흐미를 죽였는데 그 자의 창 자루는 베틀 채 같았더라 또 가드에서 전쟁할 때에 그 곳에 키가 큰 자 하나는 손가락과 발가락이 각기 여섯 개씩 모두 스물네 개가 있는데 그도 거인족의 소생이라 그가 이스라엘 사람을 능욕하므로 다윗의 형 삼마의 아들 요나단이 그를 죽이니라 이 네 사람 가드의 거인족의 소생이 다윗의 손과 그의 부하들의 손에 다 넘어졌더라"(삼하 21 : 18-22). 결국 하나님은 다윗과 그 심복의 손에 가드 사람들을 다 죽이십니다. 이는 영적 싸움입니다. 힘의 크기로 하는 싸움이 아니라 영적 순결과 거룩으로 하는 싸움입니다.

다윗이 골리앗을 무찌르러 올라갈 때는 물맷돌 다섯 개를 들고 갑니다. 사무엘하 21장을 보면 골리앗과 함께 거인 세 사람도 다 올라와 있었습니다. 아마 다윗은 이 네 사람, 즉 골리앗을 포함한 힘센 자들을 모두 죽이려고 각오했던 것 같습니다. 목동 하나가 골리앗 하나를 감당하는 것도 불가능해 보이는데 그는 나머지 세 거인까지 모두 죽일 것을 확신하여 물맷돌 다섯 개를 들고 올라간 셈입니다.

우리의 싸움은 하나님이 우리에게 요구하시는 영적 순종에서 시작됩니다. 아무리 사소해 보여도 죄의 뿌리를 뽑아내십시오. 뽑아내는 데 실패해서 그것이 크게 자라 나타나거든 두려워 마십시오. 그때라도 늦지 않습니다. 다시 무릎을 꿇고 순종함으로 해결하십시오. 쳐들어온 상대방이나 일어난 사건이 문제가 아니라 그 일을 만나게 된

나 자신을 돌아보십시오.

"제가 회개합니다. 무엇이 잘못된 것인지는 모르지만 아무튼 잘못한 것이 있으면 용서하시고 빨리 해결해 주십시오." 이렇게 대충 넘어가지 말고 내 삶의 원리와 목표와 방법 가운데 하나님이 싫어하시는 것은 없는가 살펴보십시오. 세상을 위해 살며 세상 가치를 추구했는지 생각해 보십시오. 아이들을 학교에 보내는 문제나 먹고사는 문제에서 내가 오해하고 있는 것은 없는지 스스로를 돌아보십시오. 부를 축적하지 마십시오. 하나님이 필요하다고 여기시면 맡기실 것입니다. 지위를 추구하지 마십시오. 그것 역시 하나님이 주실 때만 가능한 것입니다. 이제 힘껏 살아야 합니다. 힘껏 산다는 것은 출세를 의미하지 않습니다. 열심히 사십시오. 땀 흘려 사십시오. 하나님이 우리에게 허락하신 직장과 사업을 하나님을 위해 활용해야 합니다. 그 일 자체가 목적이 되어서는 안 됩니다. 열심히 공부하십시오. 그런데 열심히 공부하는 것과 반드시 1등을 해야 한다는 것은 다릅니다. 하나님이 우리에게 주신 명령입니다. "이마에 땀을 흘리며 살아라." 그렇게 살아야 합니다.

일류 대학에 가는 것을 목표로 하지 마십시오. 그렇게 되면 수단을 가리지 않게 됩니다. 하나님을 외면하고서라도 그 지위를 획득하려는 유혹이 찾아오게 됩니다. 그러면 세상의 방법을 도입할 수밖에 없습니다. 마음에서 쫓아내지 못한 세상의 방법과 가치관이 어느 날 우리를 호령하는 날이 옵니다. 오직 하나의 문제 때문입니다. 하나님의 명령을 좇아 그 외의 것들을 진멸하십시오. 쫓아내십시오. 그 싸움에 몇 번 실패했는지는 물을 필요가 없습니다. 일흔 번씩 일곱 번 실패하였어도 상관없습니다. 바로 이 싸움이 우리의 싸움임을 알아야 합니다. 자꾸 실패하더라도 결국 승리해야 한다는 것만은 알고서 실패하십시오.

승리하는 날까지 도망가지 말고, 모른다고 시치미 떼지도 마십시오. 우리를 부르신 하나님의 명령입니다. 최고의 왕 다윗은 이렇게 탄생합니다. 우리가 부름받은 역할이 골리앗이 아니고 다윗임을 기뻐하십시오. 다윗이 하나님 앞에 받은 영광이 우리의 영광임을 기억하고 오늘 우리에게 요구된 신앙의 싸움을, 그 거룩한 싸움을 하겠다고 결심하십시오. 우리는 그 자리에 부름받은 사람들입니다.

과거의 싸움과
현재의 싸움

#07

/

21 그 때에 여호수아가 가서 산지와 헤브론과 드빌과 아납과 유다 온 산지와 이스라엘의 온 산지에서 아낙 사람들을 멸절하고 그가 또 그들의 성읍들을 진멸하여 바쳤으므로   **22** 이스라엘 자손의 땅에는 아낙 사람들이 하나도 남지 아니하였고 가사와 가드와 아스돗에만 남았더라   **23** 이와 같이 여호수아가 여호와께서 모세에게 말씀하신 대로 그 온 땅을 점령하여 이스라엘 지파의 구분에 따라 기업으로 주매 그 땅에 전쟁이 그쳤더라 **(여호수아 11:21-23)**

이번 장에서는 본문 말씀에 나온 '아스돗'과 관련된 이야기를 다룹니다. 사무엘상 5장에 아스돗이 등장하는데, 이스라엘 백성이 블레셋에 패하여 언약궤를 빼앗긴 사건입니다. 먼저 사무엘상 4장 1절부터 봅시다. '사무엘의 말이 온 이스라엘에 전파되니라 이스라엘은 나가서 블레셋 사람들과 싸우려고 에벤에셀 곁에 진 치고 블레셋 사람들은 아벡에 진 쳤더니 블레셋 사람들이 이스라엘에 대하여 전열을 벌이니라.'

이스라엘이 블레셋과 싸우다가 사천 명 가량의 사상자를 내고 패퇴합니다. 이스라엘 백성이 "우리가 블레셋에 질 수가 있느냐" 해서 착안해 낸 전략이 실로에 있는 하나님의 언약궤를 가지고 오는 것이었습니다. 언약궤를 가지고 올 때 이스라엘은 사기충천하여 블레셋을 이길 수 있다는 확신 속에 있었지만 4장 10절을 보면 "블레셋 사람들이 쳤더니 이스라엘이 패하여 각기 장막으로 도망하였고 살륙이 심히 커서 이스라엘 보병의 엎드러진 자가 삼만 명이었으며"라고 합니다. 대단히 크게 패한 것입니다. 이 싸움에서 블레셋이 이스라엘을 이겼습니다.

사무엘상 5장 1절을 봅시다. 여기 아스돗이 나옵니다. "블레셋 사람들이 하나님의 궤를 빼앗아 가지고 에벤에셀에서부터 아스돗에 이르니라 블레셋 사람들이 하나님의 궤를 가지고 다곤의 신전에 들어가서 다곤 곁에 두었더니"(삼상 5 : 1-2). 이 사건으로 이스라엘 백성의 기가 죽습니다. 여호와의 궤는 빼앗기고 이스라엘 백성 모두 풀이 죽어 어찌할 바를 모르게 됩니다. 이 에벤에셀 전투에서 이스라엘 백성은 패배합니다.

에벤에셀이라는 지명은 '하나님이 여기까지 우리를 도우셨다'는 뜻입니다. 과거에서 현재까지 하나님이 도우신 것으로 미래까지 보장되는 것은 아니라는 의미를 이 이름에서 짐작해 볼 수 있습니다. 어제와 오늘의 승리가 내일의 승리를 기약하지 않습니다. 이것이 신앙생활에서 겪는 당황스러움입니다.

여호와의 언약궤를 빼앗겨 그것이 적군의 수중에 들어갈 뿐 아니라 치욕스럽게도 다곤의 신전에 놓이는 불상사가 일어납니다. 이것이 아스돗 싸움입니다. 아스돗이라는 이름은 재밌게도 '요새'라는 뜻입니다. 적군의 요새가 이스라엘 군의 힘으로 파괴되지 않을 뿐만 아니라 오히려 이스라엘이 그들에게 잡혀가는 치욕을 당하게 됩니다. 에벤에셀에서 빼앗긴 언약궤가 적군의 수중에 들어가자 하나님의 영광은 땅에 떨어집니다. 그런데 사무엘상 5장에는 하나님이 다곤보다 부족해서 이스라엘이 전쟁에 실패한 것이 아님을 알 수 있는 기록이 있습니다. 다곤의 신전에 여호와의 언약궤를 넣어 놓았더니 다음 날 다곤의 팔다리가 잘려 몸뚱이만 언약궤 앞에 엎드려져 있는 것을 블레셋 사람들이 발견합니다. 게다가 온역을 비롯한 많은 재앙이 생기자, 결국 하나님의 언약궤를 돌려보내고 맙니다.

아스돗 사건을 주의 깊게 살펴보아야 합니다. 우리는 하나님이 우리에게 나타나셔서 우리가 하나님에게 항복한 일들을 잊어버리고 우리가 받을 훈장만 생각하는 경향이 있습니다.

목사로 부름받은 사람이 주의 종이 되겠다는 약속을 합니다. 목사란 양을 치는 목자와 같아서 양들을 위해 목자가 있을 뿐 목자를 위해 양이 있지 않습니다. 목자가 어젯밤 쳐들어온 늑대 떼를 물리치다가 기진맥진해 누워 있습니다. 어젯밤 목숨을 걸고 양 떼를 구해 줬다고 해서 양 떼가 모여 '어젯밤 우리를 구한 영웅에게 훈장과 박수를 보냅시다' 하고 공경해 주지는 않습니다. 양 떼에게는 밝아 온 새날에 그들을 인도하고 그들에게 꼴을 줄 목자가 필요할 뿐입니다. 어젯밤 자기들을 지켜 주다가 다친 목자는 어제 할 일을 했을 뿐입니다. 하나님이 우리에게 요구하시는 삶도 이런 원리로 생각해야 합니다.

어제 하나님이 도와주신 은혜로 승리했다고 해도 그것은 어제의 일입니다. 어제의 승리가 오늘 놀아도 괜찮다는 안심으로 이어지지 않기 바랍니다. 어제의 승리는 어제의 것이고 오늘은 새날입니다. 오늘은 오늘로써 하나님 앞에 해야 할 신자의 싸움이 있습니다. 어제 승리한 것으로 오늘 하루는 놀 거라고 우기지 마십시오. 하나님이 어제까지 도와주신 것으로 오늘과 내일을 때우지 마십시오. 어제까지 받은 도움으로 오늘과 내일의 승리를 위한 원리를 배워야 합니다. 어떻게 했을 때 신앙생활에서 승리했는가를 경험 속에서 추출해 내야 합니다. 그것으로 오늘을 살아야 합니다. 어제 한 승리에 계속 머물러 있지 말라고 에벤에셀 전투를 통해 말씀합니다.

그런데 더 중요하게 기억해야 할 것이 있습니다. 이 전투는 우리 안에 남겨 둔 죄의 뿌리가 자라나서 벌어진 싸움이라는 것입니다. 우리는 이 싸움을 이렇게 이해해야 합니다. 신앙생활은 내가 살아야 할 싸움이지 다른 것으로 대체할 수 있는 싸움이 아니라는 것입니다. 언약궤를 다시 가져와야 하는 싸움이 아니라 내가 하나님 편에 서야 하는 싸움입니다. 신앙생활은 외적 조건을 구비해야 하는 문제가 아니라 하나님 편에 서서 오늘을 걸어가야 하는 싸움입니다.

현실을 몰라서 이렇게 말하는 것이 아닙니다. 현실이라는 단어를 생각해 봅시다. 만일 우리가 교회 천장에 있는 창문에 닿는 것을 목표로 할 때 날아가서 닿는 것은 현실을 모르는 소치입니다. 우리는 그런 생각을 이상주의라고 하거나 꿈꾸고 있다고 하거나 아이큐가 모자라다고도 합니다. 목표까지 도달하는 데는 현실감각이라는 것이 필요합니다. 목표 지점에 바로 도달할 수 있는 사람은 피터팬뿐입니다. 만화 속에서만 가능합니다. 모든 사람은 현실에 발을 딛고 서야 합니다. 현실에 타협해야 한다는 뜻이 아닙니다. 현실은 관념에 관한 몽상이 아니라 몸뚱이로 하는 실증이라는 것입니다. 그것이 신앙입니다. 현실이란 내가 하나님 말씀대로 사는 것을 펼쳐 낼 수 있는 복된 무대입니다. 그것은 타협될 수 없습니다.

우리가 해야 할 싸움이 바로 여기에 있습니다. 현실이란 결코 타협 요소를 이야기하는 것이 아닙니다. 목표까지 가는 길은 직선거리가 아닐 수 있습니다. 중간에 막힌 담이 있으면 돌아가는 집념을 보이는 것이 우리의 신앙입니다. 막히면 넘어가고 더 크게 막히면 돌아가는 물의 집요한 성질같이 흐르고 흘러 그리스도 예수를 향하여 끊임없는 전진하는 것이 신앙입니다.

현실이라는 무대에서 우리는 유혹에 흔들리고 타협을 요구받습니다. 공부 잘하는 것은 성공에 도움이 되지만 그것이 목표가 되어서는 안 됩니다. 그것으로 신앙을 소홀히 한다면 공부를 못하는 것이 백 번 낫습니다.

결혼 문제에서도 마찬가지입니다 결혼은 하나님이 요구하신 제 도입니다. 결혼만큼 중요한 메시지를 갖는 것도 없습니다. 남편은 교 회의 머리인 예수 그리스도를 상징하고 아내는 그의 몸된 교회를 상 징하는 배역으로서 부름받았습니다. 가정만큼 하나님 앞에 아름답게 부름받은 것이 없습니다. 그것만큼 큰 복은 없습니다. 그러나 결혼이 나 가정이 인생의 궁극적인 목표가 되어서 하나님을 믿고 예수 그리 스도를 섬기는 일에 방해를 받으면 안 됩니다.

"하나님을 배반하는 일을 요구받으면 내 목숨을 버리는 한이 있더 라도 그 일을 하지 말자." 이를 순교라고 합니다. 모든 신자가 순교를 고백합니다. 그러고는 "예수를 믿지 않는 한이 있어도 아이는 일류 대 학에 보내야겠다"라고 합니다. "예수를 믿지 않는 한이 있어도 일단 결혼은 해야겠다"라고 합니다. 참으로 슬픈 현실입니다. 이런 것과 같 습니다. 어느 날 길을 가는데 강도가 권총을 들이대고 "목숨을 내놓겠 느냐, 돈을 내놓겠느냐"라고 합니다. 예전에는 누구나 돈을 내놓겠다 고 했는데 요즘에는 차라리 목숨을 내놓겠다고 합니다. 목숨보다 돈 이 귀한 사회가 되었습니다. 우리가 실제로 그렇습니다. "목숨은 내놓 겠는데 결혼은 못 내놓겠습니다. 목숨은 내놓겠는데 일류 대학은 못 내놓겠습니다"라고 합니다.

심각한 싸움입니다. 우리가 정말 목숨을 건 신앙인들입니까? 하 나님을 사랑한다는 증거가 어디에 있습니까? 우리의 현실은 하나님에 대한 사랑을 방해하는 조건이 아닙니다. 그것이야말로 우리가 하나님 편임을 드러낼 수 있는 유일한 조건입니다. 우리가 이것을 무엇으로 대치했는지 보십시오. 이스라엘 백성은 에벤에셀 전투에서 하나님 편에 서야 할 일을 법궤를 가져오는 것으로 대치했습니다. 이것이 그들이 실패한 이유입니다. 신앙생활을 위해서 교회에 나오고 말씀을 듣고 성경 공부를 하고 기도했다고 해서 하나님 편에 섰다고 할 수 없습니다. 교회에 나오고 말씀을 듣고 성경 공부를 하고 기도를 하는 것으로 신앙생활을 대치한다면 그것은 에벤에셀 전투처럼 될 것입니다. "하나님, 제가 다 갖췄으니 승리하게 해 주십시오"라고 하는 꼴이기 때문입니다.

신앙생활은 하나님을 찬송하는 사람으로 살겠다는 신앙고백입니다. 부부 세미나나 새신자 세미나 같은 것을 하는 이유가 무엇입니까? 오늘 우리에게 주어진 현실이 무대이기 때문에 부부가 부부로서, 새신자가 새신자로서 사는 법을 배워야 하는 것입니다. 아버지 세미나도 마찬가지입니다. 하나님이 펼쳐 두신 무대와 배경 속에서 아버지로서 하나님의 메시지를 전하기 위해서입니다. 힘써 해야 할 일 중 하나입니다. 우리의 역할은 하나님이 우리에게 주신 배역이기 때문에 우리는 하나님을 위해 사는 사람으로서 하나님에게 영광을 돌리도록 훈련받아야 합니다.

우리의 전투는 어떻습니까? 과거가 우리의 현재와 미래를 게으르게 한다면 경계해야 합니다. 대표적인 예로 빌립보서 3장 10절을 봅시다. "내가 그리스도와 그 부활의 권능과 그 고난에 참여함을 알고자

하여 그의 죽으심을 본받아 어떻게 해서든지 죽은 자 가운데서 부활에 이르려 하노니 내가 이미 얻었다 함도 아니요 온전히 이루었다 함도 아니라 오직 내가 그리스도 예수께 잡힌 바 된 그것을 잡으려고 달려가노라 형제들아 나는 아직 내가 잡은 줄로 여기지 아니하고 오직한 일 즉 뒤에 있는 것은 잊어버리고 앞에 있는 것을 잡으려고 푯대를 향하여 그리스도 예수 안에서 하나님이 위에서 부르신 부름의 상을 위하여 달려가노라"(빌 3 : 10-14).

우리의 과거가 오늘을 보장해 주지 않습니다. 이제 천국 가는 표를 얻었으니 죽는 날까지 죄짓지 않고 요리조리 피해 다니다가 '타임 아웃' 호각을 불 때까지 버티는 싸움이 아닙니다. 지나온 내 과거들이 오늘의 전쟁과 내일의 전쟁에 중요한 원리와 경험이 되어야 합니다. 이제 남아 있는 내 생애에서 어떻게 승리할 것인지가 점점 더 분명해지는 사람들의 모임이 교회입니다. 그렇게 남은 인생을 보내야 합니다. 앉아서 놀고먹는 자리가 아니라 예전에는 열 번 싸워 한 번 승리했다면 이제는 열 번 싸워 여덟 번, 아홉 번 승리하고 드디어 열 번 승리하는 식으로 삶의 전진이 있어야 합니다. 그것이 신자의 기대여야 합니다. 고린도전서 10장에서 이렇게 설명합니다.

"형제들아 나는 너희가 알지 못하기를 원하지 아니하노니 우리 조상들이 다 구름 아래에 있고 바다 가운데로 지나며 모세에게 속하여 다 구름과 바다에서 세례를 받고 다 같은 신령한 음식을 먹으며 다 같은 신령한 음료를 마셨으니 이는 그들을 따르는 신령한 반석으로부터 마셨으매 그 반석은 곧 그리스도시라 그러나 그들의 다수를 하나님이 기뻐하지 아니하셨으므로 그들이 광야에서 멸망을 받았느니라 이러한 일은 우리의 본보기가 되어 우리로 하여금 그들이 악을 즐겨 한 것 같이 즐겨 하는 자가 되지 않게 하려 함이니 그들 가운데 어떤 사람들과 같이 너희는 우상 숭배하는 자가 되지 말라 기록된 바 백성이 앉아서 먹고 마시며 일어나서 뛰논다 함과 같으니라 그들 중의 어떤 사람들이 음행하다가 하루에 이만 삼천 명이 죽었나니 우리는 그들과 같이 음행하지 말자 그들 가운데 어떤 사람들이 주를 시험하다가 뱀에게 멸망하였나니 우리는 그들과 같이 시험하지 말자 그들 가운데 어떤 사람들이 원망하다가 멸망시키는 자에게 멸망하였나니 너희는 그들과 같이 원망하지 말라 그들에게 일어난 이런 일은 본보기가 되고 또한 말세를 만난 우리를 깨우치기 위하여 기록되었느니라"(고전 10:1-11).

이스라엘 백성이 살아온 역사는 이 기록과 같습니다. 과거에 수많은 기적을 경험했는데도 다시 넘어집니다. '하나님이 그렇게 복을 주셨는데도 믿지 못하니 욕먹어도 싸지'라고 쉽게 판단하지 마십시오. 과거에 어떤 기적을 경험했어도 지금은 언제나 지금입니다. 지금 다시 하나님 편을 들지 않으면 안 됩니다. 이스라엘 역사가 이 사실을 보여 줍니다.

우리가 과거에 아무리 큰 기적을 경험했어도 이스라엘만큼은 경험하지 않았을 것입니다. 그런 경험을 한 그들이 바벨론의 포로가 되었던 사실을 기억하십시오. 그들이 예수 그리스도를 배척하고 천 구백 년 동안 세계 민족에게 괄시와 천대를 받으며 유리하는 자가 되었던 일을 기억하십시오. 그 전에 있었던 기적의 복된 역사와 상관없이 하나님은 그들을 긍휼히 여기지 않으시고 쫓아 보내셨습니다. 오늘의 싸움은 오늘 싸워야 할 싸움입니다. 내일의 싸움은 또 내일 싸워야 할 싸움입니다. 어제 꾼 꿈에 머물러 있지 마십시오. 고린도전서 10장이 이를 경고합니다. '홍해를 건넜지만 맞아 죽은 자가 있고, 그걸 보고 돌이켰는데도 또 터진 자가 있다'라고 말입니다. 고린도전서 10장 12 절에 유명한 말씀이 나옵니다. "그런즉 선 줄로 생각하는 자는 넘어질 까 조심하라." 하나님의 말씀은 정확한데도 우리는 하나님을 두려워 하지 않고 신뢰하지 않습니다.

지나온 어제 덕분에 오늘이 쉬울 것이라고 생각하지 마십시오. 오 늘도 싸워 승리해야 합니다. 고린도전서 10장 13절에 이렇게 나옵니 다. "사람이 감당할 시험 밖에는 너희에게 당한 것이 없나니 오직 하 나님은 미쁘사 너희가 감당하지 못할 시험 당함을 허락하지 아니하 시고 시험 당할 즈음에 또한 피할 길을 내사 너희로 능히 감당하게 하 시느니라."

초등학교 6년 과정을 가르치지 않고 중학교에 들어가라는 부모는 없습니다. 중학교 3년 과정을 가르치지 않고 고등학교에 들어가라는 부모도 없습니다. 마찬가지입니다. 우리가 과거에 받은 교육과 훈련 이 오늘 통과해야 하는 시험을 위하여 있었음을 알아야 합니다. 초등 학교 다니다가 중학교에 가면 고달파집니다. 중학교 다니다가 고등 학교에 들어가면 더 고달파집니다. 그래서 우리는 수염이 허옇게 세 도록 초등학교 6학년에 머물러 반장만 하려고 하고 중학교 입학은 안

하려고 합니다. 현실에서 우리가 가장 부끄러워하는 것은 낙제입니다. 낙제만큼 부끄러운 것이 없는데 웬일인지 교회에서는 반대입니다. 낙제를 아무렇지 않게 생각합니다. 이런 답답한 일들이 교회 전통으로 굳어져 있습니다. 중학생이 되고 고등학생이 되십시오. 구구단 외운 것으로 수학을 통달한 듯 착각하지 마십시오. 진급하십시오. 그래서 드디어 "수학은 어렵구나. 국어도 어렵구나" 하면서 계속 배우십시오. 그 지점에 도달하는 사람만이 겸손을 알게 됩니다.

오늘 공부해야 할 내용이 있고, 내일을 위해 예습해야 할 내용이 있습니다. 6학년을 20년쯤 다녔는데 새롭게 공부할 것이 있겠습니까. 신앙생활을 막 시작하는 사람이라면 천리 길도 한 걸음부터 내딛어야 하지만 추수할 때가 되어 고개를 숙인 벼는 오뉴월 모내기할 때의 벼와 달라야 합니다. 우리는 과정을 통해 완성됩니다. 모내기할 때 고개를 숙이고 있는 벼는 없습니다. 그때는 군홧발로 밟으면 군화 밑창에 구멍이 날 정도로 모가 빳빳합니다. 빳빳한 성질이 누그러드는 기간을 거치지 않으면 결실기는 오지 않습니다. 추수하는 가을인데 모내기할 때의 상태로 남아 있는 실수는 하지 맙시다.

신앙이 성장하고 있는가, 그렇지 않은가, 지금 막 출발한 것인가, 다음 단계를 넘어서지 못하고 있는가는 자기 자신밖에 모릅니다. 분명히 넘어서야 하는 각자의 문턱이 있습니다. 그 문턱을 넘기 위해 각자 마음에서 버려야 할 것들이 있습니다. 이것이 성경의 지적입니다. 하나님 앞에 순종하여 하나님이 요구하시는 대로 살겠다고 결심하고 세상을 향해 남아 있는 가치관을 뽑아 버리는 싸움, 이것이 없는 한 신앙은 무의미하다고 성경은 기록합니다.

하나님이 우리를 여기까지 인도하셨습니다. 에벤에셀의 하나님이십니다. 이 자리에 멈춰 서서 말뚝을 박지 마십시오. 늘 나아가십시오. 과거의 지점에서 머물러 있지 말기를 바랍니다. 지금 주어진 싸움을 해야 합니다. 우리의 현실은 그 무대입니다. 그 길을 가다가 지쳐서 죽으면 순교입니다. 성경은 우리에게 죽도록 충성하라고 합니다. 그것만큼 하나님이 기뻐하시는 것은 없습니다. 죽어서 누릴 복은 살아서 겪는 고통과 비교할 수 없을 만큼 큽니다. 결코 타협해서도 양보해서도 안 됩니다. 그 길을 가는 사람만이 "주여, 제가 이 길을 넘어가야 되는데 힘이 없습니다. 저를 불쌍히 여기십시오"라는 기도를 합니다. "마음은 원하는데 육신이 약합니다"라는 기도가 비로소 나옵니다.

그 길을 간 사람 중에 슬픔과 아우성 가운데 눈을 감은 사람은 없습니다. 믿음의 길을 제대로 가지 않다가 하나님에게 혼난 사람은 많지만 우리가 그 길을 갈 때는 잘 가든지 못 가든지와 상관없이 하나님이 내버려 두지 않으신다는 사실을 기억해야 합니다. 우리가 해야 할 싸움과 승리를 우리 현실 속에서 펼쳐 보이도록 초청받은 특권을 놓치지 말기 바랍니다.

신자와
상급

#08

/

10 내게 주신 하나님의 은혜를 따라 내가 지혜로운 건축자와 같이 터를 닦아 두매 다른 이가 그 위에 세우나 그러나 각각 어떻게 그 위에 세울까를 조심할지니라   11 이 닦아 둔 것 외에 능히 다른 터를 닦아 둘 자가 없으니 이 터는 곧 예수 그리스도라   12 만일 누구든지 금이나 은이나 보석이나 나무나 풀이나 짚으로 이 터 위에 세우면   13 각 사람의 공적이 나타날 터인데 그 날이 공적을 밝히리니 이는 불로 나타내고 그 불이 각 사람의 공적이 어떠한 것을 시험할 것임이라   14 만일 누구든지 그 위에 세운 공적이 그대로 있으면 상을 받고   15 누구든지 그 공적이 불타면 해를 받으리니 그러나 자신은 구원을 받되 불 가운데서 받은 것 같으리라 **(고린도전서 3:10-15)**

예수를 믿으면 천국 간다는 사실을 모르는 신자는 없습니다. 예수를 믿으면 천국에 가고 예수를 믿지 않으면 지옥에 간다는 이야기만큼 기독교 복음을 명쾌하게 집약한 말은 없습니다. 그러나 이것은 기독교 진리의 핵심일 뿐이지 전부가 아닙니다.

많은 신자가 예수를 믿으면 천국 간다는 사실을 알고 난 다음에는 조금 쉽게 살고 있는지도 모르겠습니다. 예수를 믿고 천국 갈 것을 확신한 다음부터는 배짱 속에서 휴가를 보내는 듯합니다.

앞에서 성숙에 관해 이야기했습니다. 하나님이 택하신 자녀들에게 거룩하게 살 것을 요구하시고 우리가 세상의 유혹거리들을 물리치지 못하는 것을 하나님이 싫어하시며, 우리로 환난과 고통을 겪게 해서라도 그것을 잘라 내게 하시려는 사건들을 살펴보았습니다. 그러자 우리 속에 '그런 식으로 예수 믿으라고 하는 것은 싫다'라는 반항이 싹트기 시작했습니다. '예수를 잘 믿으면 상을 주고 예수를 잘 믿지 않으면 벌을 준다는 것은 싫다' 하는 식의 반항입니다. 이 문제에 대해 성경이 무엇이라고 이야기하는지 살펴보려고 합니다.

요한계시록 말씀을 찾아봅시다. "또 내가 보니 죽은 자들이 큰 자나 작은 자나 그 보좌 앞에 서 있는데 책들이 펴 있고 또 다른 책이 펴졌으니 곧 생명책이라 죽은 자들이 자기 행위를 따라 책들에 기록된 대로 심판을 받으니"(계 20 : 12). 우리가 기억할 것은 심판을 받는 자들이 전부 그냥 지옥에만 떨어지는 것이 아니라 그곳에 등급이 있다는 것입니다. 분명히 그곳에도 아랫목이 있고 윗목이 있습니다.

재미있는 대목은 '죽은 자들'이라는 표현입니다. 이 말은 시체를 의미하는 것이 아닙니다. 성경에서 죽은 자들과 산 자들이라는 표현은 생물학적 기준이 아니라 영적 기준에서 말하는 것입니다. '죽은 자'란 하나님을 모르는 자들이며, '산 자'란 하나님의 자녀들을 일컫습니다. 그래서 신자의 죽음은 '죽었다'라고 표현하지 않고 그리스도 안에서 잠잔다고 합니다. 예수님이 말씀하신 것 같이 주를 믿는 자에게는 결코 죽음이 없습니다. 언제나 산 자입니다. 고린도후서 5장을 보면 조금 더 자세한 설명이 나옵니다.

고린도후서 5장 9절과 10절입니다. "그런즉 우리는 몸으로 있든지 떠나든지 주를 기쁘시게 하는 자가 되기를 힘쓰노라 이는 우리가 다 반드시 그리스도의 심판대 앞에 나타나게 되어 각각 선악간에 그 몸으로 행한 것을 따라 받으려 함이라." 이 말씀을 통해 지옥에 가는 사람 중에도 등급이 있고 천국에 가는 사람 중에도 등급이 있음을 알 수 있습니다. '예수를 믿으면 천국에 가는데, 그곳에는 상급이 있다.' 성경이 이렇게 이야기합니다. "만일 누구든지 그 위에 세운 공적이 그대로 있으면 상을 받고 누구든지 그 공적이 불타면 해를 받으리니 그러나 자신은 구원을 받되 불 가운데서 받은 것 같으리라"(고전 3:14-15). 상급에 대한 언급은 구원 자체가 취소되는 경우가 있다는 이야기를 하려는 것이 아닙니다. 다만 구원 얻은 자들은 하나님 앞에서 경주할 싸움이 있음을 이야기하는 것입니다. 즉 취소되지 않는 구원이라고 쉽게 생각해서는 안 된다는 말입니다.

이 이야기를 할 때마다 대부분의 반응은 이렇습니다. "우리가 어린아이인가? '내 말을 들으면 상을 주고 내 말을 듣지 않으면 벌을 주겠다' 하는 사탕발림으로 신앙생활에 대하여 권면하다니!" 그런데 이 말씀은 우리로 인해 하나님이 기뻐하신다는 것을 표현한 말씀입니다.

부모는 자녀가 공부를 잘해 주기를 요구하며 상급을 내겁니다. 물론 그것이 가장 좋은 방법은 아닙니다. 저는 중학교 때까지는 공부를 잘하다가 고등학교 때부터 못하게 되었는데 부모님이 사탕발림을 하지 않으셨기 때문입니다. 친구는 90점을 받으면 부모님이 스케이트를 사 주는데 저는 97점을 받아도 집에 못 들어갔습니다. 시험 문제하나만 틀려도 집에 못 갔습니다. 100점을 맞아도 본전이니 친구가 부러웠습니다. 어느 날 제 완력이 부모님에 버금가게 되자 저는 공부를 집어치웠습니다. 저를 치려는 부모님의 팔을 막으면 부모님이 꼼짝을 못하시니 저를 때릴 수가 없게 되었습니다.

하나님이 신자에게 성숙을 요구하실 때는 두 가지 방법을 사용하십니다. 채찍의 방법을 쓰기도 하고 상급의 방법을 쓰기도 하십니다. 우리가 꼭 해야 할 일이고 우리에게 복된 일임을 분간하게 하시려고 상급이라는 긍정적인 방법을 사용하십니다. 신앙의 성숙이 우리에게 복이기 때문에 하나님은 우리가 그 수준에 올라서기를 간절히 바라시고 상급을 제시하십니다. 공부가 얼마나 필요한 것인지를 자녀들은 모르니까, 자녀들이 열심을 내도록 상급을 제시하는 것과 같습니다. "네가 이번에 5등 안에 들면 집 안에 전자오락실을 만들어 주겠다." 그러면 자녀는 공부의 가치는 모르지만 전자오락의 가치는 잘 아니까 공부를 잘하려고 합니다. 부모의 목적은 전자오락기를 사 주는데 있지 않고 자녀가 공부를 잘해서 훌륭한 사람이 되는 것에 있습니다. 그래서 상급을 제시합니다. 고린도전서 3장을 보면 신자의 성숙에 대한 하나님의 뜻이 드러나 있습니다. 5절부터 봅시다.

"그런즉 아볼로는 무엇이며 바울은 무엇이냐 그들은 주께서 각각 주신 대로 너희로 하여금 믿게 한 사역자들이니라 나는 심었고 아볼로는 물을 주었으되 오직 하나님께서 자라나게 하셨나니 그런즉 심는 이나 물 주는 이는 아무 것도 아니로되 오직 자라게 하시는 이는 하나님뿐이니라 심는 이와 물 주는 이는 한가지이나 각각 자기가 일한 대로 자기의 상을 받으리라 우리는 하나님의 동역자들이요 너희는 하나님의 밭이요 하나님의 집이니라"(고전 3:5-9).

사도 바울은 고린도교회에 문제가 있어서 이 서신을 쓰게 되었습니다. 바로 분파 문제입니다. 아볼로 파, 바울 파 이렇게 나누어졌는데, 이에 대한 사도 바울의 지적이 상당히 명쾌합니다. 고린도교회에도 경력과 학벌로 사람을 판단하는 이들이 있었습니다. 학교나 회사나 직급이나 연봉 같은 것들이 사람을 확인하는 기준이 되는 것과 같습니다. "내가 아볼로와 얼마나 친한가! 베드로가 나를 얼마나 아끼는가! 내가 바울하고 악수를 얼마나 많이 했는가!" 하는 식으로 자기의 위치를 확인합니다.

자신이 잘났음을 증명하기 위해 종종 쓰는 방법 중 하나가 높은 사람과 악수했고 높은 사람이 나를 알아줬다고 자랑하는 것입니다. 이것으로 자신의 지위를 확인합니다. 고린도교회 교인들도 사용했던 방법입니다. 이에 대해 사도 바울은 이렇게 말합니다. "우리는 하나님의 동역자들이요 너희는 하나님의 밭이요 하나님의 집이니라."

예를 들어 아버지가 아들을 사랑해서 아들이 결혼할 때 좋은 집을 지어 주려고 제일가는 설계사와 건축가를 불러 집을 설계하고 건축하게 했습니다. 그런데 아들은 아버지가 애정으로 집을 지어 주었다는 사실은 잊고 유명한 건축가와 악수하는 모습을 사진으로 찍어 자랑합니다. 만나는 사람마다 자랑하고 다닙니다. '이런 분을 내가 안다'라고 말입니다. 아버지 마음을 전혀 모르는 것입니다.

다른 예로, 자녀의 성적을 위해 대학교수들을 과외 선생으로 초빙했습니다. 수학, 영어, 국어, 물리, 전공과목별로 각각 교수들을 불러서 비싼 수업료를 지불했습니다. 이때 자녀가 교수들을 먹여 살리기 위해 존재하는 것입니까, 교수들이 자녀를 가르치기 위해 존재하는 것입니까. 바로 9절 말씀에 답이 있습니다. "우리는 하나님의 동역자들이요 너희는 하나님의 밭이요 하나님의 집이니라." 누가 더 소중한 사람입니까? 바울입니까, 아볼로입니까? 아니면 고린도교회 교인들입니까? 하나님이 우리에게 집을 지어 주시기 위하여 끊임없이 하나님의 위인들을 부르고 계시다는 사실을 아십니까? 하나님이 우리를 상 받을 수 있는 수준으로 만들고 골고루 성장시키기 위하여 가정교사들을 부르고 계시다는 사실을 아십니까?

하나님이 성경에서 많은 복을 선언하시는 것은 어떻게 하면 복 받을 수 있는지를 말씀하시기 위함이 아닙니다. 우리가 그 상급을 받을 수 있는 수준에 오르는 것이 하나님의 목적이기 때문에 그 상들을 열거하십니다. 우리로 그 수준에 도달하게 하기 위해서입니다. 이 부분이 정말 감격스럽습니다.

성경에는 수많은 '숙달된 조교들'이 나열되어 있습니다. 아담, 노아, 아브라함, 요셉, 모세, 엘리야, 다니엘, 세례 요한, 베드로, 바울, 스데반, 모두가 우리를 위하여 숙달된 조교들입니다. 그들은 이렇게 살면 어떻게 되는지, 저렇게 살면 어떻게 되는지를 다양하게 보여 줍니다. 우리를 위하여 성경에 기록된 것입니다.

그뿐입니까? 오고 오는 세대 동안 어거스틴, 칼빈, 루터, 박윤선 등 수많은 사람을 통해 하나님이 우리를 초대하신다는 사실을 알아야 합니다. 오늘도 이렇게 말씀하십니다. "나를 사랑하라. 나를 기쁘게 하기 위하여 살아라. 내가 목적하는 수준에 도달하기 위하여 살아라. 그렇게 하면 이 상급을 주겠다." 이 요구가 잘못된 것입니까? 이것이 우리의 자존심을 상하게 합니까? 우리를 향한 하나님의 그 깊고 깊은 사랑과 배려를 이보다 더 잘 설명할 수는 없습니다. 언제쯤 "네, 그렇게 하겠습니다" 하고 항복하겠습니까? 하나님은 참고 참으셨습니다. 우리를 곤고하게 만들고 치시는 것은 하나님의 본심이 아닙니다. 상급을 걸어 놓고 우리에게 권면하십니다. 고린도전서 3장 21절과 22절을 봅시다. "그런즉 누구든지 사람을 자랑하지 말라 만물이 다 너희 것임이라 바울이나 아볼로나 게바나 세계나 생명이나 사망이나 지금 것이나 장래 것이나 다 너희의 것이요." 역사도 정치도 문화도 자연도 다 우리 것입니다. 우리 것이라는 말은 '소유'의 개념이 아니라 하나님이 우리를 위해 우리를 성장시키려고 그것들을 우리에게 주셨다는 뜻입니다.

이렇게 이야기하는 사람이 많습니다. "제가 돈이 많아서 넓은 평수로 이사한 것이 아닙니다. 자식이 셋 있는데 둘에게 한방을 쓰게 하니까 교육에 방해가 되어서 각각 독립된 방을 주려고 무리해서라도 방이 하나 더 있는 집으로 이사할 수밖에 없었습니다."

이런 이야기를 들을 때마다 부모가 자녀에게 갖는 열심과 보살핌에 감동을 받습니다. 집 하나를 옮기는 데도 '맹모삼천(孟母三遷)'의 교훈을 따라 주변 환경은 어떤지, 어느 학교를 보내야 자녀가 좀 더 훌륭한 사람이 될지 고민하는데 하물며 하나님이시겠습니까. 무엇이 우리에게 영광이고 복이고 기쁨인지 하나님보다 더 잘 아는 분은 없습니다. 하나님은 우리를 만드신 분입니다. 그분이 우리에게 이 복을 선언하십니다. 이것을 설명할 방법이 없어서 상급을 걸고 우리에게 순종하고 성장해 갈 것을 요구하십니다. 성경이 '상급'이라는 이름으로 우리에게 요구하는 '성장'입니다.

로마서 12장 1절입니다. "그러므로 형제들아 내가 하나님의 모든 자비하심으로 너희를 권하노니 너희 몸을 하나님이 기뻐하시는 거룩한 산 제물로 드리라 이는 너희가 드릴 영적 예배니라 너희는 이 세대를 본받지 말고 오직 마음을 새롭게 함으로 변화를 받아 하나님의 선하시고 기뻐하시고 온전하신 뜻이 무엇인지 분별하도록 하라"(롬 12:1-2).

이 복된 길을 권면하지 않을 수 없습니다. 기초만 닦아 놓고 다했다고 하지 마십시오. 그 위에 집을 지어야 합니다. 하나님이 우리에게 그 길을 순종하며 좇아오라고 하십니다. 상급을 걸어 놓고 우리에게 요구하십니다. 우리가 잘 모르니까 복을 받기 위해서라도 말을 들어 보라고 하십니다. "공부 열심히 해라. 공부만 잘하면 네게 무엇이든지 해 주겠다." 부모가 자녀를 위해서 그러는 것입니다. 성경은 이를 실감나게 이야기합니다. "내가 너희에게 복을 주는지 안 주는지, 십일조를 한번 바쳐 보아라." 말라기 내용입니다. 복을 받으려는 목적으로 십의 일조를 바치는 것이 아닙니다. 하나님이 원하시는 수준에 도달하는 것이 우리에게 복입니다. 우리가 이것을 못 알아들으니까 성경이 노골적으로 이렇게까지 이야기하는 것입니다. 그 안타까움을 아십니까? "너 이번에 80점 이상 한번 받아 보아라. 내가 용돈을 백만 원 주마." 이것이 부모가 갖는 안타까움입니다. 하나님이 우리를 향하여 갖는 안타까움입니다. 하나님이 우리에게 가지신 그 열심과 사랑을 이렇게 상급을 걸어 설명하십니다.

이런 하나님의 영광과 기쁨을 시편 8편에서 다윗이 고백합니다. 여기에 우리의 신앙고백을 합하여 이 말씀을 우리의 결론으로 삼읍시다.

"여호와 우리 주여 주의 이름이 온 땅에 어찌 그리 아름다운지요 주의 영광이 하늘을 덮었나이다 주의 대적으로 말미암아 어린 아이들과 젖먹이들의 입으로 권능을 세우심이여 이는 원수들과 보복자들을 잠잠하게 하려 하심이니이다 주의 손가락으로 만드신 주의 하늘과 주께서 베풀어 두신 달과 별들을 내가 보오니 사람이 무엇이기에 주께서 그를 생각하시며 인자가 무엇이기에 주께서 그를 돌보시나이까 그를 하나님보다 조금 못하게 하시고 영화와 존귀로 관을 씌우셨나이다 주의 손으로 만드신 것을 다스리게 하시고 만물을 그의 발 아래 두셨으니 곧 모든 소와 양과 들짐승이며 공중의 새와 바다의 물고

기와 바닷길에 다니는 것이니이다 여호와 우리 주여 주의 이름이 온 땅에 어찌 그리 아름다운지요"(시 8:1-9).

시편 8편 5절을 보면 '그를 하나님보다 조금 못하게' 하셨다고 합니다. '하나님보다 조금 못하게 하'셨다에서 '조금 못하게'라는 표현은 영어로 'little'입니다. '거의 없다'라는 뜻입니다. '하나님보다 못할 것이 거의 없게 만드셨다'입니다. 하나님이 인간을 만드신 그 창조의 영광을 모르기 때문에 사람은 하나님이 요구하시는 그 영광의 자리에 올라가기를 싫어하는 것입니다. 이처럼 인간은 미련합니다. 개는 자기가 토한 것을 먹고 돼지는 자기가 싼 것 위에 눕습니다. 하나님이 사람에게 더러운 옷을 벗고 새 옷을 입으며 토한 것을 먹지 말고 깨끗한 자리 위에 누우라고 하시는데 인간이 싫어합니다. 모르니까 싫어합니다. 하나님이 자녀 된 우리를 어떤 자리로 부르셨는지를 모르기 때문입니다.

하나님이 어떤 집념과 열심으로 우리를 초대하고 계신지 잊지 말아야 합니다. 한 손에 들고 있는 채찍을 잊지 말고 다른 한 손에 들고 있는 상급도 잊지 마십시오. 하나님의 초대를 외면하는 것만큼 비극도 없습니다. 그것을 순종하는 신자가 누리는 복만큼 살맛 나는 인생 또한 없습니다. 성경에 기록된 사람들의 이야기를 생각하십시오. 특히 사도 바울의 이야기를 읽을 때 그는 자랑할 것이 없고 행복할 것이 없는 상황 속에서 기쁨을 선언하고 감사를 외쳤음을 기억하십시오. 죽은 사람 이야기할 것 없이 여기 있는 저부터 잴 것이 뭐가 있습니까.

저를 보십시오. 칼국수 머리에, 눈은 단추 구멍에, 잴 것 하나 없는

데 이렇게 주일 아침마다 목이 메도록 하나님 앞에 사는 자랑을 간증하고 있다는 사실을 잊지 말기 바랍니다. 잘난 것 하나 없지만 저는 재미나게 살고 있습니다. 쌀 떨어진 '재미'도 경험해 보았고, 아픈 '재미'도 경험해 보았고, 주를 위해 너무 열심히 일하다가 바보가 된 '재미나는' 경험도 해 보았습니다. 주를 위하여 실수한 경험이 없고 주를 위하여 아픈 경험을 모를까 봐 안타깝습니다. 이 기쁨, 이 감격은 돈으로 살 수 없습니다. 지식으로 얻을 수 있는 경험이 아닙니다. 하나님을 믿고 주일마다 교회에 나가는 사람으로서 이 맛을 모르는 것만큼 불행은 없습니다.

테니스를 처음 배울 때 가장 어려웠던 것은 손목이 움직여져서 공이 자꾸 사방팔방으로 튀었던 것입니다. 그때 어떤 분이 제가 연습하는 것을 보고 딱하게 여겨 제 앞 삼 미터쯤에 서더니 배드민턴 치는 것처럼 공을 통통 치라고 충고했습니다. 벽에 공을 너무 세게 치면 돌아오는 공의 속도가 빨라서 되받아칠 때 옆으로 튀니까 살살 치라고 했습니다. 그렇습니다. 살살 친다면 절대 공을 놓칠 리가 없습니다. 그러나 그렇게 하면 테니스 치는 맛을 전혀 알 수 없습니다. 테니스를 치는 맛은 공의 힘찬 반발력에 있습니다. 힘껏 날아오는 공을 있는 힘을 다해 라켓 줄이 끊어져라 받아치는 데에 그 참맛이 있습니다.

모든 운동은 하면 할수록 재밌어지듯이 비슷한 원리로 예수 믿는 것도 믿는 만큼 재밌습니다. 각자 확실히 믿으셨습니까? 지금 재미있습니까? 한 걸음 나아가면 더 재미있습니다. 밤에 자다가도 일어나 웃을 만큼 재미있습니다.

아침에 기쁨으로 눈뜨고 보람으로 눈 감는 생활이 예수 믿는 사람의 삶입니다. 하나님이 우리에게 주시는 칭찬과 위로의 말씀이 알알이 들어와 박히는 것보다 더 신나는 인생이 없습니다. 우리에게 상급으로 약속된 것들이 증거합니다. 이것을 놓치면 손해입니다. 나중에 천국에서 가슴에 훈장을 달 수 있도록 다시 열심을 내기를 권합니다.

신자의
승리

#09

/

50 형제들아 내가 이것을 말하노니 혈과 육은 하나님 나라를 이어 받을 수 없고 또한 썩는 것은 썩지 아니하는 것을 유업으로 받지 못하느니라 51 보라 내가 너희에게 비밀을 말하노니 우리가 다 잠 잘 것이 아니요 마지막 나팔에 순식간에 홀연히 다 변화되리니 52 나팔 소리가 나매 죽은 자들이 썩지 아니할 것으로 다시 살아나고 우리도 변화되리라 53 이 썩을 것이 반드시 썩지 아니할 것을 입겠고 이 죽을 것이 죽지 아니함을 입으리로다 54 이 썩을 것이 썩지 아니함을 입고 이 죽을 것이 죽지 아니함을 입을 때에는 사망을 삼키고 이기리라고 기록된 말씀이 이루어지리라 55 사망아 너의 승리가 어디 있느냐 사망아 네가 쏘는 것이 어디 있느냐 56 사망이 쏘는 것은 죄요 죄의 권능은 율법이라 57 우리 주 예수 그리스도로 말미암아 우리에게 승리를 주시는 하나님께 감사하노니 58 그러므로 내 사랑하는 형제들아 견실하며 흔들리지 말고 항상 주의 일에 더욱 힘쓰는 자들이 되라 이는 너희 수고가 주 안에서 헛되지 않은 줄 앎이라 **(고린도전서 15:50-58)**

구원은 예수를 믿어 죄 사함을 받는 것으로 끝이 아닙니다. 예수를 믿어 죄 사함을 받는다는 것은 구원이 완성되는 일에 있어 시작에 불과합니다. 구원을 받은 후에는 우리가 하나님의 자녀로서 성숙하기 위한 행동 지침이 필요합니다. 이번 장에서는 우리가 오늘 하루를 어떻게 살아서 신앙 성숙을 도모할 것인지에 대해 점검해 보려고 합니다.

첫 번째 행동 지침으로 기억할 것은 '승리'입니다. 성경이 승리에 대해 어떻게 설명하는지 고린도전서 15장 50절 이하를 인용하여 설명하려고 합니다. 많은 신자가 '승리'라는 말을 오해합니다. 기독교에서 말하는 '승리'는 상대보다 더 큰 힘을 가지고, 더 지혜로운 전략을 짜내어 이긴다는 의미가 아닙니다. 신앙생활에서의 승리는 결코 내가 적군보다 더 큰 힘을 가진다고 주어지는 것이 아닙니다. 우리는 자주 그런 힘을 달라고 기도합니다. 본문 말씀은 이에 대한 우리의 생각을 바꾸어 놓을 대표적인 말씀입니다.

50절입니다. "형제들아 내가 이것을 말하노니 혈과 육은 하나님 나라를 이어 받을 수 없고 또한 썩는 것은 썩지 아니하는 것을 유업으로 받지 못하느니라." 유한은 무한을 담을 수 없습니다. 썩는 것은 썩지 않는 것을 담을 수 없습니다. 하나님 나라는 영원하고 썩지 않습니다. 그것을 유업으로 받을 우리는 신앙생활 하는 동안 특별한 존재로 변해야 할 것 같지 않습니까? 중간 단계쯤에서는 우리에게 어떤 징조가 나타나야 하지 않겠습니까? 썩을 몸이 예수를 열심히 믿으면 점점 구리 빛으로 물들어 쇠가 되고 은이 되고 금이 되어 썩지 않을 것으로 변한다거나 머리 주위에 둥그런 광채가 생긴다거나 해야 하지 않겠습니까?

사도 바울은 51절에서 이렇게 말합니다. "보라 내가 너희에게 비밀을 말하노니 우리가 다 잠 잘 것이 아니요 마지막 나팔에 순식간에 홀연히 다 변화되리니." 마지막 나팔 소리가 날 때 변한다고 합니다. 그때까지는 잠자고 있습니다. 성경에서 '잠자다'라는 말은 신자의 죽음을 이야기합니다. 생물학적으로 이야기하면 백골이 진토 되어 어느 것이 살인지 뼈인지 구별할 수 없게 된 것을 뜻합니다.

우리도 모두 죽어서 썩을 것입니다. '썩지 않을 것'을 유업으로 받아야 하는데 우리는 썩을 것입니다. 이 놀라운 이율배반성을 의심해본 적 있습니까? 이상하다고 생각한 적 없습니까? 우리가 썩지 않을 것을 받기 위해 우리 몸도 썩지 않게 점점 변화된다든가 하는 징조가 나타나야 하지 않겠습니까? 그런데 우리는 믿지 않는 사람과 똑같이 썩어 가고 있습니다. 나이가 들어 거울을 들여다보니 돌아가신 어머니가 나타나지 않습니까? 그것이 바로 늙어 가는 자기 얼굴입니다.

썩지 않을 것을 유업으로 받아야 할 사람들이 예수를 믿는데도 불구하고 죽어 갑니다. 이 말도 안 되는 현실을 감수할 수 있습니까? 썩지 않을 것을 받고 혈과 육이 아닌 신령한 것을 받아야 하는 우리가 죽어 가고 있습니다. 변화하기 위하여 우리가 해야 할 것은 아무것도 없습니다. 변화하는 데 도움이 되는 것이 우리에게는 없습니다. 그때는 우리가 썩어서 없기 때문입니다. 무엇이 흙이고 무엇이 뼈인지 모를 단계에서 변화를 기다리고 또 내가 만들어 내는 것이 아니라 변화되어야만 변화된 것을 알 수 있는 단계에 들어갑니다.

54절에서 이 내용을 이야기합니다. "이 썩을 것이 썩지 아니함을 입고 이 죽을 것이 죽지 아니함을 입을 때에는 사망을 삼키고 이기리라고 기록된 말씀이 이루어지리라." 우리가 사망을 이기는 것이 아니라 우리를 진흙 속에 붙잡고 있던 사망이 그의 권세를 놓쳐서 우리가 부활할 것이라고 합니다. 부활하는 그 순간까지 우리는 썩어지고 누워 있을 뿐입니다. 변화될 모습에 관하여 어떤 징조도 나타나지 않고 다만 썩어 문드러져 누워 있는 것에 불과합니다. 57절입니다. "우리 주 예수 그리스도로 말미암아 우리에게 승리를 주시는 하나님께 감사하노니." 우리가 이기는 것이 아닙니다. 하나님이 승리를 주셔서 이길 뿐입니다. 신자가 기억해야 할 귀중한 말씀입니다.

신앙생활에서 '전투'란 이길 수 있는 힘을 얻어 내는 싸움이 아니라 '이길 싸움'을 하는 것입니다. 신자에게 있는 가장 큰 미련함은 하나님이 요구하신 전투가 아닌 싸움을 하면서 승리를 달라고 하는 데 있습니다. 하나님이 승리를 주시는 전투는 하나님이 우리에게 요구하시는 싸움입니다.

마음씨 착한 할아버지가 있었습니다. 그 할아버지는 예수를 잘 믿고 성경 말씀대로 살기 위해 애를 쓰는데, 그에게는 마음씨 나쁜 친구가 있었습니다. 그런데 생활고에 시달리자 둘이 의기투합해서 은행을 털었습니다. 많은 돈을 훔쳐서 그 돈을 나누기로 합니다. 마음씨 나쁜 할아버지가 제안합니다. "무게로 나누어 가집시다. 언제 돈을 다 세겠습니까? 당신은 부대에 동전을 넣으시오. 나는 부대에 지폐를 넣겠습니다." 2.5톤씩 똑같은 무게로 나누었는데 마음씨 나쁜 할아버지는 250억 원을 챙기고 마음씨 착한 할아버지는 2만 5천원을 챙겼습니다. 마음씨 착한 할아버지가 양보를 했습니다. '하나님이 말씀하시기를 속옷을 달라 하면 겉옷까지 주라고 하셨다. 까짓것, 지폐를 주자! 불나면 홀딱 타 버릴 지폐, 가져서 무엇하랴! 불에 안 타는 동전을 갖자.' 마음씨 착한 할아버지는 그렇게 동전을 가졌습니다. 그리고 좋은 마음으로 헤어지려는데 마음씨 나쁜 할아버지가 그만 욕심이 발동해서 "잠깐!" 하더니 동전의 절반을 더 달라는 것이었습니다. 가다가 전자오락을 해야 하는데 동전이 없다면서 반만 내놓으라고 합니다. 착한 할아버지가 이렇게 대꾸합니다. "그러면 안 됩니다. 욕심이 잉태한즉 죄를 낳고 죄가 장성한즉 사망을 낳는다고 성경이 말씀합니다. 그러니 그러면 안 됩니다." 그러자 나쁜 할아버지가 착한 할아버지의 팔을 비틀었습니다. 착한 할아버지가 비명을 지릅니다. "어, 어, 그러지 마. 그러면 부러진단 말이야!" 결국 나쁜 할아버지는 착한 할아버지의 팔을 부러뜨리고 말았습니다. 착한 할아버지가 이렇게 외쳤습니다. "거봐! 부러졌잖아!"

우리가 자주 실수하는 대목입니다. 강도질한 주제에 돈을 나누는 데서 갑자기 성경 말씀을 꺼내는 것은 무슨 까닭인지 모르겠습니다. 우리 인생에서 중요한 싸움은 이런 싸움이 아닙니다. 우리에게 요구된 싸움은 하나님에게 붙어 있는가에 대한 전쟁입니다. 성경은 이렇게 이야기합니다. '공중의 새를 보라. 들의 백합화가 어떻게 자라는가 생각하여 보라. 오늘 있다가 내일 아궁이에 던져지는 들풀을 보라. 너희는 먼저 그의 나라와 그의 의를 구하라.' 세상 것들을 목표로 삼지 말고 하나님이 요구하시는 것을 인생 목표로 삼으라는 말입니다.

그런데 우리는 우리가 원하는 것을 목표로 정해 놓고 그것을 성경 말씀으로 치장합니다. 성경 말씀은 말씀대로 살라고 주신 것이지, 추울 때 불 때라고 주신 것이 아닙니다. 이것이 신앙의 성장을 막는 부분입니다. 자기 인생과 본심이 하나님을 향해 있지 않습니다. 우리가 하는 대부분의 싸움은 자기 마음대로 결정한 싸움입니다. 자존심의 싸움, 세상 권세와 우월감을 누리고 싶은 싸움을 걸고는 하나님에게 도와 달라고 합니다. 내 이웃을 사랑했고 양보했다고, 팔이 부러지도록 참았다고 착한 할아버지처럼 우깁니다. 이런 싸움을 한다면 절대 승리할 수 없습니다.

구약의 사건을 통해 확인해 봅시다. 민수기 13장 25절입니다. 이스라엘 백성이 출애굽 해서 가나안 땅에 들어가기 위해 열두 명의 정탐꾼을 먼저 보냈습니다. 그들이 정탐을 마치고 돌아와서 보고하는 장면입니다. "사십 일 동안 땅을 정탐하기를 마치고 돌아와 바란 광야 가데스에 이르러 모세와 아론과 이스라엘 자손의 온 회중에게 나아와 그들에게 보고하고 그 땅의 과일을 보이고 모세에게 말하여 이르되 당신이 우리를 보낸 땅에 간즉 과연 그 땅에 젖과 꿀이 흐르는데 이것은 그 땅의 과일이니이다 그러나 그 땅 거주민은 강하고 성읍은 견고하고 심히 클 뿐 아니라 거기서 아낙 자손을 보았으며 아말렉인은 남방 땅에 거주하고 헷인과 여부스인과 아모리인은 산지에 거주하고 가나안인은 해변과 요단 가에 거주하더이다 갈렙이 모세 앞에서 백성을 조용하게 하고 이르되 우리가 곧 올라가서 그 땅을 취하자

능히 이기리라 하나 그와 함께 올라갔던 사람들은 이르되 우리는 능히 올라가서 그 백성을 치지 못하리라 그들은 우리보다 강하니라 하고 이스라엘 자손 앞에서 그 정탐한 땅을 악평하여 이르되 우리가 두루 다니며 정탐한 땅은 그 거주민을 삼키는 땅이요 거기서 본 모든 백성은 신장이 장대한 자들이며 거기서 네피림 후손인 아낙 자손의 거인들을 보았나니 우리는 스스로 보기에도 메뚜기 같으니 그들이 보기에도 그와 같았을 것이니라"(민 13:25-33).

이 사람들은 자기들에게 이길 만한 힘이 없다고 생각하여 전쟁을 회피했습니다. 전에 그들은 활 하나 쏘지 않고 열세 바퀴 돌아서 여리고 성을 무너뜨렸던 자들인데 말입니다. '무너뜨렸다'는 말도 잘못된 표현입니다. 열세 바퀴 돌아서 '무너진 성'을 받았습니다.

하나님이 우리에게 승리를 약속하며 하시는 '믿음으로 이겨라'라는 말씀은 싸움의 과정이나 싸움의 방법에 대한 것이 아닙니다. 믿음은 '무슨 싸움을 할 것인가'에 동원되는 것입니다. 하나님이 요구하신 싸움을 할 것인가, 다시 말해 먹고 마실 것이 아닌 하나님의 뜻을 목표로 하는 싸움을 할 것인지 결정해야 합니다. 우리는 그렇게 살다가는 먹을 것도 입을 것도 없어서 못 산다고 불평합니다. 그래서 성경은 이야기합니다. '공중의 새를 보라!' 공중의 새를 보고 그를 기르시는 하나님의 의를 위해서 살 것인지, 아니면 그저 내 유익을 위해 살 것인지 결정해야 합니다.

먹고사는 것을 목표로 하고 자기 인생은 자기 손에 달렸다고 하는 자에게는 승리가 없습니다. 그러나 하나님이 명령한 싸움을 하는 자에게는 기가 막힌 승리가 있다고 합니다. 하나님 편에 서서 살다가 죽은 자들을 믿음의 위인이라고 합니다. 우리 인생에 '순교'라는 단어를 붙일 만한 대목이 있는지 생각해 봅시다. '순교'라는 단어가 붙을 수 없는 인생길을 걷고 있다면 하나님이 요구하는 길을 걷지 않는 것입니다.

정당하게 살려고 하는 사람들이 지는 세상입니다. 대강 사는 사람들끼리 신디케이트(syndicate)를 결성해서, 정당하게 살자고 외치는 사람들의 입을 틀어막기로 작정한 세상입니다. 정당하게 살면 외로워지게 되어 버렸습니다. 그러나 성경은 이쪽이 더 기쁘고 재미도 있다고 이야기합니다. 신명기 12장을 봅시다. 약속의 땅에 들어가는 일에 즐거움이 엿보입니다. 7절입니다. "거기 곧 너희의 하나님 여호와 앞에서 먹고 너희의 하나님 여호와께서 너희의 손으로 수고한 일에 복 주심으로 말미암아 너희와 너희의 가족이 즐거워할지니라."

예수 믿는 삶을 금욕주의자처럼 농담도 못하고 따분하게 사는 삶이라고 여긴다면 딱한 생각입니다. 이는 기독교의 풍성함을 모르고 하는 생각입니다. 그렇지 않습니다. 예수 믿고 사는 삶은 참 재미있습니다. 예수 믿고 사는 것보다 더 재미있는 인생은 없습니다. 이 삶은 기적의 연속입니다. 너무 재미있어서 잠이 안 올 정도입니다. 표현을 못할 뿐이지 굉장히 재미있습니다. 믿는다는 것은 구원을 얻어 죄 사함을 받고 지금 천국 가는 표를 받았다는 뜻만 있지 않습니다. 구원받아 기쁨이 넘치는 삶을 말합니다.

신학 하는 사람들의 특징 중 하나는 가난하다는 것입니다. 굶는 사람이 상당수입니다. 그런데 할 일이 많이 있다면 하나님이 왜 굶기시겠습니까? 혹 굶기시면 금식하라는 뜻입니다. 이 원리는 쉽습니다. 쌀이 있고 고기가 있는데 금식한다면 하나님을 불쾌하게 하는 행동입니다. 금식하려면 쌀이 떨어진 다음에 하십시오.

예수를 믿고 사는 삶에서 승리란 내가 정한 싸움에 UN군을 초빙하는 것이 아닙니다. 하나님이 싸우라고 명하신 싸움에 나가는 것입니다. 그 싸움은 오직 하나입니다. '네 마음을 다하고 목숨을 다하고 뜻을 다하여 주 너의 하나님을 사랑하라.' 그렇게 살고 있습니까? 그렇게 살면 실패하지 않습니다. 승리만 있습니다.

여리고 성을 무너뜨리고 요단강을 건너고 홍해를 가르는 등 성경에 기록된 모든 기적이 오늘 나의 경험이 될 것입니다. 불을 보듯이 환합니다. 그만큼 확실한 것은 없습니다. 세상에서 가장 확실하다고 쳐 주는 학문은 수학입니다. 그런데 수학보다 더 확실한 것은 바로 하나님을 믿고 사는 인생의 복, 승리, 보람입니다.

우리는 신앙생활에서 하나님 나라를 위해 해야 할 싸움은 하지 않고 우리가 벌인 싸움에 성경 말씀을 들고 가서 싸웁니다. 그러니 터지고 들어옵니다. 그러고 나서 이렇게 기도합니다. "주여, 제가 무엇을 잘못했습니까? 깨우쳐 주소서!" 이빨을 몽땅 뽑히고 틀니를 하지 않은 것을 다행으로 여기길 바랍니다. 하나님이 참고 계신 것을 생각하면 놀라울 따름입니다.

우리 인생의 방향이 어디로 향하는지 다시 한번 생각해 볼 필요가 있습니다. 전도하고 봉사하고 헌금하는 것으로 인생을 때워서는 안 됩니다. 그것들은 내가 하나님을 향해 살기 때문에 나오는 열매여야 하지 내 인생을 내 것으로 사는 데에 혹시 하나님이 화를 내실까 봐 꺼내 놓은 '친선 사절단'이어서는 안 됩니다. 주일에 한 번씩 예배드리러 오는 것이 예배드려 주는 것이 되어서는 안 된다는 말입니다. 기도해 준다고, 헌금 내준다고 하면서 정작 바쳐야 할 인생을 그것들로 대신하지 않기를 바랍니다.

물론 하나님 앞에 인생을 맡기고 살지 않는데도 하나님이 복을 주시는 인생이 있습니다. 두 가지 경우입니다. 먼저, 어릴 때입니다. 신앙적으로 어릴 때는 천하 만물을 주관하시는 이가 하나님이심을 알게 하시려고 복을 허락하십니다. 하나님 앞에 인생을 내어 맡기지 않았는데도 하나님에게 구하면 병이 낫고 잘살게 되는 복을 허락하십니다. 하나님이 '신앙 연령 6세 미만의 유치원생'들에게 당신이 만물의 주권자이심을 가르치시는 방법입니다. 그 외의 자녀들에게는 그런 식의 복이 없습니다.

하나님 앞에 인생을 맡기지 않으면 하나님은 결코 복을 주지 않으십니다. 그런데도 불구하고 복을 받는 자가 있다면 그 사람은 버린 자식입니다. "이 세상에서나 잘 먹고 잘살아라. 조금 있으면 너는 지옥행이다." 즉 근본적으로 하나님의 자녀가 아니라고 할 수 있습니다.

하나님의 모든 자녀는 그의 나라와 그의 의를 위해 부름받고 있으며 하나님의 생명이 맡겨진 삶을 사는 자들입니다. 우리 중 그 누구도 자기를 위해 사는 자가 없고, 자기를 위해 죽는 자도 없습니다. '사나 죽으나 우리가 주의 것이로다'라는 성경의 고백을 우리 것으로 삼아야 합니다. 그 말씀은 우리에게 무서운 경고이면서 동시에 놀라운 복입니다. 이제 이 길을 가기로 결심하십시오. 그래서 그다음에는 "예수 믿는 사람의 기쁨과 즐거움을 아십니까?"라는 물음에 "왜 몰라요?" 하고 대꾸할 수 있어야 합니다. 너무너무 기뻐야 합니다. 살아도 기쁘고 죽어도 기쁘고 병이 나도 기쁩니다.

예수를 믿는 인생의 복, 만족, 감격을 소유하기 바랍니다. 살아 계신 하나님 앞에 유쾌한 인생을 부여받은 만족감으로 "바람아 불어라! 파도야 쳐라!" 하며 의연하게 살아가는 신자가 되기를 바랍니다.

신자의
적극성

#10

/

28 우리가 알거니와 하나님을 사랑하는 자 곧 그의 뜻대로 부르심을
입은 자들에게는 모든 것이 합력하여 선을 이루느니라 **(로마서 8:28)**

본문 말씀은 많은 성도가 좋아하는 성경 말씀 중 하나입니다. 요한복음 3장 16절이나 빌립보서 4장 13절처럼 로마서 8장 28절은 우리가 많이 암송하는 성경 구절입니다. "우리가 알거니와 하나님을 사랑하는 자 곧 그의 뜻대로 부르심을 입은 자들에게는 모든 것이 합력하여 선을 이루느니라."

이 대목을, 우리가 아무 일이나 하고 우리 마음대로 해도 하나님이 좋게 좋게 결론을 주신다는 내용으로 오해하면 안 됩니다. 하나님은 거룩하고 의로운 분이며 죄를 놓아두지 않으시는 분입니다. 우리가 마음대로 하고 욕심대로 살아도 하나님이 좋은 결론을 주신다는 것이 아닙니다. '결과가 좋으면 모든 것이 좋다'는 뜻이 아닙니다.

모든 것이 합력하여 선을 이룬다는 말씀이 갖는 의미를 생각해 보아야 합니다. 이 말씀이 어떤 맥락에 연결되어 있는지를 봅시다. 26절부터 시작됩니다. "이와 같이 성령도 우리의 연약함을 도우시나니 우리는 마땅히 기도할 바를 알지 못하나 오직 성령이 말할 수 없는 탄식으로 우리를 위하여 친히 간구하시느니라 마음을 살피시는 이가 성령의 생각을 아시나니 이는 성령이 하나님의 뜻대로 성도를 위하여 간구하심이니라"(롬 8:26-27). 이렇게 말씀하신 후 본문 말씀이 이어집니다.

모든 것이 합력하여 선을 이룬다는 말씀은 사건 자체가 복이라는 뜻이 아니라 사건이 갖는 의미가 복이라는 뜻입니다. 그렇게 이해하지 않으면 이 말씀은 해석할 도리가 없습니다. 세상에서 예수를 알고 사는 사람들이나 모르고 사는 사람들이나, 경험이나 생활은 다르지 않습니다. 예수를 알거나 모르거나 모두에게 사건이나 사고가 동일하게 일어납니다. 그런데 사건은 동일하지만 신자에게는 사건이 갖는 의미가 완전히 다릅니다. 그것이 여기서 말하는 '합력하여 선을 이룬다'는 말씀의 뜻입니다.

예수 믿는 사람에게 있어서는 죽음이 절망일 수 없고 저주일 수 없습니다. 성경에 기록된 대로 죽음은 주 안에서 잠자는 것에 불과하고 예수 그리스도가 다시 오는 날, 재림의 나팔 소리와 함께 다 같이 부활하여 천국에서 만난다는 사실을 알기에 사별이 슬픔일 수 없습니다. 그런데 우리는 이렇게 말합니다. "죽은 사람이야 괜찮지만 남아있는 아이들은 어찌할까?"

이렇게 생각해 봅시다. 남편이 먹여 살리는 가정은 없습니다. 하나님이 먹이십니다. 남자들 체면을 세워 주느라고 남편을 통해서 공급하실 뿐입니다. 그것마저 없으면 남자들이 무엇을 뽐내겠습니까? 하나님이 불쌍히 여기셔서 남편들에게 체면 세울 일을 주신 것입니다. 하나님이 아이들을 먹이십니다. '참새 다섯이 두 앗사리온에 팔리는 것이 아니냐.' 참새 하나도 하나님이 허락하지 않으시면 떨어지지 않는다고 합니다. 우리는 그저 받는 사람들입니다.

믿는 사람과 믿지 않는 사람에게 동일하게 주어지는 사건에서 다른 점은 그 사건이 갖는 의미입니다. 의미는 해석하기 나름입니다. 세상 사람들이 예수 믿는 사람들을 약 올리는 말이 있습니다. "교통사고 나서 머리가 깨졌는데 한다는 소리가 '하나님, 감사합니다. 눈이 안 깨져서 감사합니다'라고 하더라고. 이게 무슨 감사인가. 웃기는 사람들이야." 그렇습니다. 우리는 웃기는 사람들입니다.

　똑같은 사건인데 신자에게는 다르게 해석됩니다. 왜 동일한 사건을 다르게 해석하는지 궁금할 것입니다. 어떤 사람이 친구를 따라 교회에 다니면서 예수를 믿게 되었는데 그 일을 전후해서 갑자기 집안에 경사가 겹쳤습니다. 모든 가족이 "불교는 몇 십 년 믿어도 신통한 일이 안 생겼는데 예수 믿었더니 돈이 뚝뚝 떨어지는구나. 이런데 어떻게 안 믿겠어?" 하면서 예수를 믿습니다. 어떤 집은 불교였다가 예수를 믿었는데, 집안에 안 좋은 일이 생겼습니다. 그러니 "종교를 바꾸니까 무슨 일이 생기지! 초지일관이라고 의리가 있어야 해. 다시 옛 종교로 돌아가자!" 합니다.

　어떤 가정에서는 예수를 믿어서 좋은 일이 생기고 어떤 가정에서는 예수를 믿어서 궂은 일이 생겼다고 합니다. 도대체 누구의 손에 의한 것입니까? 우리 손에 있지 않습니다. 해석도 마찬가지입니다. 사람을 좋게 보면 다 좋습니다. 나쁘게 보면 다 나쁩니다.

　'새옹지마'라는 말을 해석하는 데 있어서도 그렇습니다. 우리가 잘 사용하는 고사성어입니다. 인간의 관점에서 인생을 해석하는 것이 얼마나 우스운지를 잘 나타내는 말이 '새옹지마'입니다. 인생에 대한 해석도 아침저녁으로 다르고, 일어나는 일에 대한 해석도 매번 다릅니다. 어느 쪽으로 해석을 해도 그 일은 우리 손에 있지 않다는 이야기를 하고 있습니다. 모든 것이 합력하여 선을 이룬다는 말씀입니다. 우리 안에 계시는 성령님이 이 원리로 우리가 저지른 모든 문제를 설명하십니다. 우리를 예수 그리스도에게 향하게 하십니다.

다시 26절을 봅시다. "이와 같이 성령도 우리의 연약함을 도우시나니 우리는 마땅히 기도할 바를 알지 못하나 오직 성령이 말할 수 없는 탄식으로 우리를 위하여 친히 간구하시느니라." '우리는 마땅히 기도할 바를 알지 못하나'라는 말은 우리에게 기도할 내용이 없다거나 우리가 기도를 안 한다는 의미가 아니라, 무엇이 중요한지 모르고 산다는 의미입니다. 그래서 고작 소원하는 것이 불로초를 얻는 것과 백년해로하는 것과 가정의 행복과 평안하게 살다가 평안하게 죽는 것 정도입니다. 그때 우리 안에서 그러지 말라고 브레이크를 거는 분이 계십니다. 바로 성령님입니다.

성령님이 하나님에게 구합니다. 우리가 욕심을 부리면서 뛰어가고 있는데 성령님이 브레이크를 거신 후 그 지점에서 우리로 하여금 하나님에게 시선을 돌리게 하고 인생을 바로잡게 하십니다. 그래서 우리는 믿지 않는 사람들과 동일한 실수를 저지르는데도 시선이 자꾸만 하나님 앞으로 향합니다. 이럴 때 모든 것이 합력하여 선을 이룬다고 합니다. 신자가 불신자와 다른 점입니다.

고린도전서 6장 12절부터 20절을 봅시다. "모든 것이 내게 가하나 다 유익한 것이 아니요 모든 것이 내게 가하나 내가 무엇에든지 얽매이지 아니하리라 음식은 배를 위하여 있고 배는 음식을 위하여 있으나 하나님은 이것 저것을 다 폐하시리라 몸은 음란을 위하여 있지 않고 오직 주를 위하여 있으며 주는 몸을 위하여 계시느니라 하나님이 주를 다시 살리셨고 또한 그의 권능으로 우리를 다시 살리시리라 너희 몸이 그리스도의 지체인 줄을 알지 못하느냐 내가 그리스도의 지체를 가지고 창녀의 지체를 만들겠느냐 결코 그럴 수 없느니라 창녀와 합하는 자는 그와 한 몸인 줄을 알지 못하느냐 일렀으되 둘이 한 육체가 된다 하셨나니 주와 합하는 자는 한 영이니라 음행을 피하라 사람이 범하는 죄마다 몸 밖에 있거니와 음행하는 자는 자기 몸에 죄를 범하느니라 너희 몸은 너희가 하나님께로부터 받은 바 너희 가운데 계신 성령의 전인 줄을 알지 못하느냐 너희는 너희 자신의 것이 아니라 값으로 산 것이 되었으니 그런즉 너희 몸으로 하나님께 영광을 돌리라"(고전 6:12-20).

두 가지를 지적합니다. '너희는 그리스도의 지체다. 그와 한 몸이다. 성령이 거하시는 전이다'라는 것과 '너희는 너희 것이 아니다. 하나님의 것이다'라는 것입니다. 성령이 우리 안에 거하시고 우리의 목표와 자세를 하나님에게 향하게 합니다. 그런데 이것만으로는 하나님 앞에서 우리를 완성시킬 수 없습니다.

이런 말이 있습니다. '말을 시냇가까지 끌고 갈 수는 있지만 물을 먹일 수는 없다. 물은 말 스스로가 먹을 수밖에 없다.' 똑같은 이야기입니다. 성령님이 우리 안에서 우리가 가고 싶어 하는 길을 막고 그 길로 가지 못하게 채찍질을 하고 우리를 끌어오실 수는 있습니다. 공부를 안 하고 자꾸 나가서 노니까 붙잡아다 묶어 놓을 수는 있습니다. 그런데 공부는 본인이 해야 합니다. 성경이 하는 이야기입니다. '너희는 성령이 계시는 전이다. 너희는 이제 그리스도와 한 몸이다. 그런 너희 몸을 더럽혀서야 되겠느냐?' 그래서 행동 지침을 줍니다.

에베소서 4장 25절부터 32절에서 확인합시다. "그런즉 거짓을 버리고 각각 그 이웃과 더불어 참된 것을 말하라 이는 우리가 서로 지체가 됨이라 분을 내어도 죄를 짓지 말며 해가 지도록 분을 품지 말고 마귀에게 틈을 주지 말라 도둑질하는 자는 다시 도둑질하지 말고 돌이켜 가난한 자에게 구제할 수 있도록 자기 손으로 수고하여 선한 일을 하라 무릇 더러운 말은 너희 입 밖에도 내지 말고 오직 덕을 세우는 데 소용되는 대로 선한 말을 하여 듣는 자들에게 은혜를 끼치게 하라 하나님의 성령을 근심하게 하지 말라 그 안에서 너희가 구원의 날까지 인치심을 받았느니라 너희는 모든 악독과 노함과 분냄과 떠드는 것과 비방하는 것을 모든 악의와 함께 버리고 서로 친절하게 하며 불쌍히 여기며 서로 용서하기를 하나님이 그리스도 안에서 너희를 용서하심과 같이 하라."

여기 제시한 모든 행동 강령은 '하나님의 성령을 근심하게 하지 말라'라는 말씀에 근거합니다. 하나님의 성령을 근심하게 하지 말기 위해 제시된 행동 강령은 성경에 쓰여 있지 않아도 납득이 갈 내용들입니다. '거짓말하지 마라. 분을 내지 마라. 도적질하지 마라. 악한 말을 하지 마라.'

그런데 신앙생활이란 종교적 행위를 말하는 것이 아닙니다. 예를 들어 회사에서 일을 하거나 사업을 하거나 집안에서 자녀들을 가르치며 돌보는 일이 있습니다. 그 일들을 위해 가장 필요한 것은 무엇입니까? 먹고 자는 것입니다. 세끼 식사와 하룻밤의 단잠이 없으면 맡겨진 일과를 감당할 에너지를 얻을 수 없습니다. 또 오늘 해야 할 일이 무엇을 위한 일이며 어떻게 해야 하는 일인지 모르면 안 됩니다.

우리가 성경을 읽으며 기도하는 것은 신앙생활을 위한 에너지와 지식을 공급받기 위해서입니다. 기도하고 성경을 읽는 것이 그저 일과에 그쳐서는 안 됩니다. 하루에 세끼를 먹고 밤잠을 자는 것이 건강을 유지하는 데 도움이 되듯이, 시간을 정해 놓고 기도하고 성경을 읽는 것은 신앙에 도움이 되지만 그것이 일과에 그쳐서는 안 됩니다. 성경 읽고 기도하는 '행위'만 하지 마십시오. 물론 그것은 필요합니다. 그것으로 얻은 에너지를 가지고 신앙생활을 해야 합니다. 믿지 않는 사람들과 똑같은 생활을 해야 하는 속에서 말입니다. 하나님이 우리에게 맡기신 일은 종교 행위가 아니라 믿지 않는 사람들과 다를 바 없는 인생을 다르게 사는 것입니다. 성경은 이에 대해 화내지 말라고 합니다. 여기가 어렵습니다. 원수를 사랑하는 정도로 다르게 살아야 합니다. 우리는 매일 천사를 만나는 것이 아니라 흉악한 원수들을 만나고 도둑일지 모르는 사람들을 만나지만, 그들을 사랑하라고 합니다.

교회에 몸 성한 불구자들이 찾아오고 지혜로운 거지들이 찾아오고 경건한 모습을 한 사기꾼들이 찾아옵니다. 분명 사기꾼인데, 그 사람에게 "당신 사기꾼이지?"라고는 못합니다. 속으로 합니다. 겉으로는 "참 안됐군요. 수고가 많으십니다" 하며 도와주어야 합니다. 이를 신앙생활이라고 합니다. 우리가 일상에서 만나는 사람들은 천사가 아닙니다. 성경이 하는 말씀을 기억해야 합니다.

갈라디아서 5장 16절부터 23절입니다. " 내가 이르노니 너희는 성령을 따라 행하라 그리하면 육체의 욕심을 이루지 아니하리라 육체의 소욕은 성령을 거스르고 성령은 육체를 거스르나니 이 둘이 서로 대적함으로 너희가 원하는 것을 하지 못하게 하려 함이니라 너희가 만일 성령의 인도하시는 바가 되면 율법 아래에 있지 아니하리라 육체의 일은 분명하니 곧 음행과 더러운 것과 호색과 우상 숭배와 주술과 원수 맺는 것과 분쟁과 시기와 분냄과 당 짓는 것과 분열함과 이단과 투기와 술 취함과 방탕함과 또 그와 같은 것들이라 전에 너희에게 경계한 것 같이 경계하노니 이런 일을 하는 자들은 하나님의 나라를 유업으로 받지 못할 것이요 오직 성령의 열매는 사랑과 희락과 화평과 오래 참음과 자비와 양선과 충성과 온유와 절제니 이같은 것을 금지할 법이 없느니라."

갈라디아서 5장 16절 이하에 있는 말씀은 우리에게 성령의 열매를 맺으라고 강요하는 이야기가 아닙니다. 여기서 '성령의 열매'와 '육체의 일'을 제시한 것은 성령의 열매만을 목표로 삼으라는 의미가 아니라 성령을 따르라는 말입니다. 16절에 '너희는 성령을 따라 행하라 그리하면 육체의 욕심을 이루지 않는다'고 되어 있습니다. 17절 '육체의 소욕은 성령을 거스르고 성령은 육체를 거스르나니'에서도 성령의 열매와 육체의 일은 동시에 공존할 수 없다고 합니다. '너희가 하나님의 사람이며 성령이 너희 안에 있으며 너희가 성령을 근심하게 하지 않기로 결심했다면 이렇게 살아라. 성령을 따라 살아라' 하는 것입니다.

성령을 따라 사는지는 우리가 하는 일로 어떤 열매가 맺히는지를 보고 확인할 수 있습니다. 그 열매가 육체의 일이면 육체의 소욕을 따른 것이고 그 열매가 성령의 열매면 성령을 따른 것입니다. 열매를 보고 성령을 따랐는지 육체를 따랐는지 확인할 수 있습니다. '성령의 열매'는 목표가 아니라 내가 하는 일이 하나님 앞에 정당한지를 판별하는 '리트머스시험지'입니다. 즉 "사랑을 하자!"고만 하지 말고 그런 자세와 분위기로 살아야 합니다. 주님을 위해 칼을 뽑은 사람이 있었습니다. 베드로입니다. 그러나 주님은 그 행동을 말리셨습니다. 비록 주님을 위한 일일지라도 성내고 화내는 것은 육체의 욕심을 따르는 방법임을 보여 준 사건입니다. 우리는 '사랑'을 목표로 합니다. "사랑하자!"라는 것만큼 신앙생활에 적용이 안 되는 것이 없습니다. 사랑보다 어려운 것은 없습니다. 기껏 할퀴고 "사랑하자. 우리 교회는 사랑이 없다"라고 합니다. 사랑은 꺼내 놓을 만한 형체를 가진 것이 아닙니다. 사랑은 실증하는 것이 아닙니다. 사랑은 행동이며 태도입니다.

성경이 성령의 열매를 나열한 것은 우리가 걸어가야 하는 길에서 눈에 보이는 목표를 제시한 것입니다. 예전에 서울에 전차가 다닌 적이 있었습니다. 그때는 어디를 찾아갈 때 이렇게 말해 주는 경우가 많았습니다. "남영동에서 전찻길만 따라서 쭉 오세요. 전찻길이 끝나는 데에서 기다리겠습니다. 거기가 원효로입니다." 이것은 확실한 약속이었습니다. 전찻길은 오직 한 길입니다. 그처럼 신자에게 제시된 기준이 곧 성령의 열매입니다. 전찻길만 따라오십시오.

하나님을 사랑하십니까? 신자답게 살기 원하십니까? 우리에게 주어진 오늘이라는 현장 속에서 나에게 부딪치는 일과 사건을 어떤 자세로 맞는지 생각해 봅시다. 오고 가는 말과 벌어진 사건에 대처하는 나의 자세가 성령의 열매를 맺는지 보십시오. 이것을 명분으로 돌리지 마십시오. 말로만 사랑한다고 하지 마십시오. 그 열매를 맺는지 보라는 말입니다. 말로는 누구나 할 수 있습니다. "제가 이런 말을 하는 것은 외람되지만 하나님을 사랑하는 마음으로 이 말을 하려고 왔습니다." 이렇게 할퀴고 긁으면서, 하나님의 위로와 은혜가 충만하기를 바란다고 한다면 어떻게 상대에게 자비가 전달되겠습니까. 상대에게 닿지 않으면 사랑이 아닙니다.

우리는 성령님이 우리 마음에 계셔서 우리를 인도하신다는 사실을 압니다. 안다면 말할 수 없는 탄식으로 우리를 위해 기도하시는 성령을 근심하게 하지 말고 따라 살기로 결심해야 합니다.

사도 바울이 전 생애를 통해 일한 자기 모습을 이렇게 기록했습니다. '우리가 만물의 찌꺼기 같이 되었도다.' 세상에서 신앙생활 하는 것이 어렵고 우리 열심에 상응하는 대접을 받지 못해 어렵다는 설명입니다. 그래서 신앙생활이 쉽지 않다고 말합니다. 그래도 그렇게 살아야 합니다. 그렇게 사는 자들이 복된 자들입니다. 그렇게 안 살면 매 맞는 일밖에 없다고 거듭 강조합니다.

자녀를 이렇게 분류해 볼 수 있습니다. 말로 해서 듣거나 매 맞고 고치는 자녀와 매 맞아도 안 고치는 자녀입니다. 신자는 다릅니다. 매 맞고 안 고치는 신자는 없습니다. 하나님이 고치시기 때문입니다. 하나님의 고집이 우리 고집보다 셉니다. 우리 앞에 주어진 삶이 종교적이기를 바라지 말고 어떤 상황과 현실에 놓여도 하나님의 사람답게 살기로 결심하기 바랍니다.

신자의
감사

#*11*

/

4 주 안에서 항상 기뻐하라 내가 다시 말하노니 기뻐하라   5 너희 관
용을 모든 사람에게 알게 하라 주께서 가까우시니라   6 아무 것도 염
려하지 말고 다만 모든 일에 기도와 간구로, 너희 구할 것을 감사함으
로 하나님께 아뢰라   7 그리하면 모든 지각에 뛰어난 하나님의 평강이
그리스도 예수 안에서 너희 마음과 생각을 지키시리라 **(빌립보서 4:4-7)**

신자의 성장에 꼭 필요한 요소는 감사하는 마음입니다. 이 마음은 기뻐하는 마음이고 평안한 마음입니다. 빌립보서 4장에도 그렇게 나옵니다. 기쁨, 감사, 평강 같은 단어들이 있습니다. 예수를 믿는 사람과 믿지 않는 사람의 차이는 감사하는 마음에 있습니다. 예수 믿는 사람은 예배드리고 계단을 내려가다 넘어져서 이마가 깨져도 감사하다고 합니다. 옆에 있던 안 믿는 자가 하도 희한해서 "도대체 뭐가 감사해?"라고 묻습니다. "거기 뾰족한 돌이 있었는데 눈이 찔렸으면 어쩔 뻔했어. 다행히 이마가 깨졌으니 감사할 일이지." 이 말을 듣고 안 믿는 사람은 비웃습니다.

사실 우리도 대답이 궁합니다. 성경은 분명 감사하라고 하고 기뻐하라고 하고 평안하라고 하는데 이에 대해 이유를 묻는다면, 할 말이 없습니다. 그래서 "당신은 몰라도 됩니다. 우리만 아는 겁니다"라고 합니다. 이번 장에서는 예수 믿는 사람이 기쁨과 감사를 누리는 부분에 대해 설명하려고 합니다.

예수를 믿어 구원을 얻었다는 말은 많은 내용을 포함한 말입니다. 사실 이 말은 어렵습니다. 우리는 다 예수를 믿어서 구원을 얻었습니다. 그런데 믿어서 구원을 얻었습니까, 아니면 예수가 구원을 주었습니까? 우리가 예수를 믿어서 구원을 얻은 것입니까, 아니면 예수님이 우리를 구원하신 것입니까?

비슷해 보이지만 다른 말입니다. 다시 돌아와서 '예수를 믿으면 구원을 얻는다'는 말은 '예수'에 초점이 있습니까, '믿는다'에 초점이 있습니까? 알 듯 말 듯한 말입니다. 우리는 스스로 구원을 얻었습니까,

은혜로 구원을 얻었습니까? 은혜로 얻게 되었습니다. 은혜로 구원을 얻었다는 것은 구원이라는 결과에 대하여 나에게 원인이 있다는 말입니까, 없다는 말입니까? 없다는 말입니다.

구원이라는 결과에 대한 이유나 원인이 나에게 없는데도 구원이 이루어졌으니 누가 구원해 준 것입니까? 하나님이 예수 그리스도로 말미암아 구원해 주신 것입니다. 이것으로 우리는 다른 종교와 기독교의 차이를 발견합니다. 여기에는 근본적 차이가 있습니다. 다른 종교에서는 내가 무엇이 되어야 합니다. 나로부터 출발하여 완성의 자리로 가는 것입니다. 불교 식으로 표현하면 해탈하고 성불하는 것입니다. 나를 다듬어 완성품으로 만듭니다.

그러나 기독교에서 구원은 나로부터 시작해서 이룰 수 없기 때문에 나 아닌 누군가가 나를 도와줘야 이루어집니다. 예수 그리스도를 구세주라고 부르는 이유입니다. 내 문제를 내가 해결할 수 없어 누군가가 와서 나를 도와주고 구해 줘야만 합니다. 다만 내가 믿고 깨달았을 때 구원이 인식되기에 마치 내가 믿어서 구원을 얻은 것 같은 논리가 생깁니다.

그러나 인간에게는 구원 얻을 만한 능력이나 방법이 없습니다. 성경은 이를 '죄인'이라는 단어로 설명합니다. 우리가 죄인임에도 불구하고 하나님이 예수를 죽이심으로 말미암아 그의 피로 우리를 구원하셨기에 이를 '은혜'라고 합니다.

그러면 우리는 무엇을 해야 구원을 얻습니까? '우리가 무얼 해서 구원을 얻지 않았다'는 것을 '예수를 믿는다'라고 표현합니다. '믿는

다'에 초점이 있는 것이 아니라 '예수가 나를 구원하신다. 예수가 나에게 이 결과를 주신 분이다'에 초점이 있습니다. '예수'에 강조가 있는 것이지 '믿는다'에 강조가 있지 않습니다. '예수'를 믿는 것입니다. 그러면 '나는 아무것도 안 해도 되는 것인가? 이 추운 날 괜히 열심을 떨고 교회에 나온 것이 아닌가' 하는 생각이 듭니다. 정당한 의심입니다. '내가 내놓을 것 없고 할 수 있는 것 없이 몽땅 은혜로 되는 것이라면 왜 이렇게 열심을 내야 합니까?' 하는 질문입니다. 이런 의문이 드는 것은 당연합니다.

이런 물음이 없다면 '나는 믿었기 때문에 구원을 얻었다'라고 하여 자기에게 원인이 있다고 생각할 수 있습니다. 내가 믿어서 구원 얻은 것이 아니라 하나님이 우리를 불쌍히 여기셔서 예수로 말미암아 구속을 주셨습니다. 그래서 우리는 이렇게 질문합니다. "그러면 우리는 아무것도 아니란 말입니까? 우리는 한 일도 없고 할 일도 없다는 말입니까?" 구원 얻는 데 우리가 할 일은 분명히 없습니다. 그렇다면 교회에는 왜 나옵니까? 생각하고 넘어가야 할 지점입니다.

이 말이 갖는 적극적인 의미를 파악해야 합니다. 은혜에 대해 생각해 봅시다. 예로, 서울역에서 열차를 탔는데 지옥 행 특급열차입니다. 어디에서도 서지 않습니다. 타는 곳은 세상이고 내리는 곳은 지옥입니다. 열차 밖은 갈수록 뜨거워지는데 열차 안은 냉방장치가 잘 되어 있어서 도착할 때까지 밖이 얼마나 뜨거운지 모두가 모르고 갑니다. 그런 열차에 탄 우리를 하나님이 불쌍히 여기사 천국 가는 열차로 옮겨 태우셨습니다. 우리는 달리는 기차에서 뛰어내릴 능력도 없었고 새로운 열차로 바꾸어 탈 생각도 없었습니다. 지옥이 좋은 동네인 줄 알고 가는 사람들을 하나님이 천국으로 옮기셨습니다. 우리는 의도하지도 않았고 열심을 부리지도 않았는데 하나님이 우리를 실어 나른 것입니다. 우리를 설득하거나 우리에게 강요한 것이 아닙니다. 어느 날 보니까 지옥 가는 열차에 탔던 우리가 천국 가는 열차에 타 있는 것입니다. 기차에서 내린 기억이 없고 다시 탄 기억도 없이 어느 날 갑자기 옮겨졌다는 사실만 알게 된 것입니다. 이를 은혜라고 합니다.

우리는 구원 문제에서 은혜로 말미암아 어떤 자리에서 어떤 자리로 옮겨졌는지는 잊어버리고, 옮겨진 과정과 방법 때문에 혼동합니다. 저주받은 자리에서 복 받는 자리로 우리 신분과 지위가 바뀌었음을 기억해야 합니다. 내가 한 일도 내가 요청한 일도 아니라는 이유로 이것이 얼마나 큰 대가를 치른 것인지 모르면 안 됩니다. 우리는 그저 "어, 우리는 아무것도 한 것이 없으니 아무렇게나 살자" 하고는 도망을 갑니다.

로마서 6장 1절과 2절을 다시 봅시다. "그런즉 우리가 무슨 말을 하리요 은혜를 더하게 하려고 죄에 거하겠느냐 그럴 수 없느니라 죄에 대하여 죽은 우리가 어찌 그 가운데 더 살리요." 은혜라는 단어가 갖는 중요함을 기억하십시오. 우리의 신분이 바뀌었습니다. 그 방법이 은혜라는 이유로 달라진 우리의 신분을 과소평가하지 마십시오. 내 힘으로 이룬 것이 아니라 값없이 주어진 것이라서 우리는 새로 얻은 신분을 과소평가하기 쉽습니다. 심지어 "어라, 나는 아무렇게나 살아도 되는 거네" 하며 예전에 탔던 열차에 다시 오르는 재주를 부리겠다고 합니다. 물론 새로운 열차로 옮겨 탄 인생이 예전에 타고 있던 열차로 돌아가는 일은 없다고 성경은 선언합니다.

신앙생활의 성숙을 위하여 구원 문제를 다시 언급하는 이유가 있습니다. 구원을 얻지 못한 자와 구원을 얻은 자의 차이를 인식해야 하기 때문입니다. 구원 얻지 못한 자는 율법이 다스리는 곳에 있으며 구원 얻은 우리는 은혜가 다스리는 곳에 들어와 있다는 차이입니다. 넘어온 이 자리, 우리가 있는 이 자리, 예수 그리스도의 백성 된 이 자리, 신자 된 이 자리는 은혜가 다스리는 곳입니다.

은혜가 다스린다고 하니까 '그럼 예수를 믿는 자는 마음대로 살아도 하나님이 은혜롭게 봐 주시는 것인가' 하는 물음이 생깁니다. 우리가 많이 쓰는 말 중에 "은혜롭게 하자"라는 말이 있습니다. 성질이 나서 싸우고 있는데 이치도 따지지 않고 성질내지 말고 무마하자는 의도로 종종 씁니다. 한 사람이 A라고 주장하고 다른 사람이 B라고 주장하여 서로 주장이 대치됩니다. 그래서 "이건 분명히 밝히고 넘어가야 할 문제다"라고 하면 "뭘 싸우고들 그러냐? 은혜롭게 하지"라고 하는 부류가 있습니다. 그런 부류의 사람은 진리에 대한 열심이 부족한 사람입니다. 예수라도 좋고 석가라도 좋고 아무것이라도 좋다고 말할 사람입니다. 확실히 하고 넘어가야 합니다. 이런 대목이 허술하기 때문에 신앙생활에 진전이 없습니다. 꽉 조이지 못한 나사 같습니다.

예수를 믿지 않는 자는 율법의 지배 아래에 있고 예수를 믿는 자는 은혜 아래 있다는 말은, 우리가 아무렇게나 살아도 좋다는 말이 아닙니다. 율법 아래 있는 자와 은혜 아래 있는 자 중 어느 쪽이 더 편할 것 같습니까? 율법 아래 있는 쪽이 편합니다. 왜냐하면 법이라는 것은 인격자의 의지가 개입되지 않는 무정한 것이기 때문입니다. 법을 준수하느냐는 개인의 의지에 달려 있습니다. 무엇이든 그의 결정대로 놔두고 틀리게 행하면 벌을 내릴 뿐입니다. 그래서 구원 얻지 않은 사람은 인생을 어떻게 살든지 하나님이 놔두고 다 끝난 다음에 판결을 내리시는 게 낫다는 사람들입니다. 이들은 율법 아래 있는 사람들입니다.

그런데 은혜 아래 있는 사람은 그가 삶을 끝낸 다음에 판정이 주어지지 않고 하나님이 의도하는 길을 가지 않으면 언제든지 간섭받는 대상입니다. 이것을 왜 은혜라고 합니까? 뭐든 하고 싶은 대로 하라고 하면 선한 일을 할 사람은 거의 없습니다. 구원에 대해서도 우리가 이룬 것이 아니라고 하니까 맨 처음 나오는 질문이 "그럼 괜히 수고하고 있네요?"라는 것만 봐도 알 수 있습니다. 얼마나 우리의 본심을 잘 드러내는 이야기입니까. 가만히 있어도 훌륭하게 된다면 공부할 사람이 없을 것입니다. 우리의 본성은 악하고 게으릅니다. 고집도 셉니다. 아무도 못 말립니다. 사람은 말로 해서 알아듣지 않고 때려도 알아듣지 않습니다. 그러니 하나님의 간섭은 은혜입니다.

'하나님이 은혜로 다스린다'는 말씀 속에는 '우리가 가고 싶은 길은 선한 길일 수가 없다'는 전제가 깔려 있습니다. 하나님은 예수 그리스도의 피로 대가를 치러 저주 아래 있는 우리를 하나님의 백성으로 삼으셨습니다. 그리고 장차 완성의 길로 인도하실 것입니다. 우리가 원하는 길은 아닙니다. 우리는 하고 싶은 대로 하는 것을 훨씬 더 좋아

하는 사람들입니다. 그런데 우리가 하고 싶은 대로 하도록 놔뒀다가는 형벌을 받을 자리로 우리를 보낼 수밖에 없습니다. 그래서 하나님은 우리를 은혜로 다스리기로 결정하셨습니다. 내가 시작하고 의도하고 계획한 방법으로는 도저히 갈 수 없고 내 능력과 본성으로도 갈 수 없는 곳을 하나님이 은혜로 이르게 하십니다. 오늘 내가 잘못된 길을 가면 하나님이 막으십니다. 예수를 믿는 사람 중 대부분은 좋아서 믿었다기보다는 얻어맞아서 믿을 수밖에 없었던 사람들입니다.

선한 의도와 좋은 본성을 가지고 교회에 나온 사람은 없습니다. 우리 마음속에 악한 생각이 얼마나 많이 일어나며 악한 본능이 꿈틀거리는지를 스스로가 압니다. 하나님과 본인만 압니다. 그렇기에 하나님이 은혜로 다스린다는 말씀을 주신 것입니다. 우리는 그 자리에 갈 수밖에 없습니다. 왜냐하면 하나님이 간섭하시기 때문입니다.

실제로 보면 예수 믿는 자는 한 가지 실수만 저질러도 안 믿는 자가 백 가지 실수를 저지른 것보다 훨씬 더 크게 혼이 납니다. '나는 전능한 하나님이라. 너는 내 앞에서 행하여 완전하라'라고 하신 하나님입니다. 하나님 말씀은 '그쪽은 내가 놔둬서 심판할 사람들이고 너희는 그리로 갈 때까지 놔두면 안 될 사람들이라 내가 간섭한단다'라는 뜻입니다. 이것이 은혜의 통치입니다.

구원에 대한 바른 인식을 가진 후에도 믿는 자의 성장을 가로막는 것이 있습니다. 그것은 바로 신앙생활에서 느끼는 좌절감입니다. 성경이 요구하는 생활을 잘하지 못하고 실수하고 범죄할 때 우리에게 맨 처음으로 떠오르는 생각은 '혹시 나는 버림받지 않을까?'입니다.

주께서 구해 주셨다는 것을 알지만, 또 실수를 하면 나를 사랑하지 않으실 것 같은 생각에 불안해합니다. 이때 기억해야 할 것은 은혜가 통치한다는 말이 가지는 깊은 뜻입니다. 즉 우리는 구원이 취소될 수 없는 사람들이라는 것입니다. 이것은 하나님의 약속입니다. 내가 저지르는 실수와 잘못으로 근본이 바뀌지는 않습니다.

또 다른 좌절감은 '구원은 어찌어찌해서 받았는데, 나는 속옷도 못 챙겨 입고 천국 가는 것이 아닐까?' 하는 불안에서 옵니다. 몇 년을 믿어도 그게 그것 같습니다. 어제나 그제나 한결같이 실수만 합니다. 성경은 말씀합니다. '완성의 자리에 이르고야 말 것은 내가 너를 은혜로 통치하기 때문이다.'

〈바람 불어 좋은 날〉이라는 영화가 있습니다. 제목이 특이해서 영화감독을 만나 그 의미를 물었더니 설명해 줬습니다. 그가 아는 한 영국 시인이 있는데 그 시인이 말하길, 인간은 자기의 계획과 욕심 때문에 날씨에 대해 불만이 많다고 합니다. 요트 놀이를 가려는데 태풍이 불거나 남들은 놀러 가는데 나만 못 가니 비나 와라 하는 식으로 말입니다. 그 시인이 하는 말은, 선하신 하나님이 만드신 날 중에 나쁜 날은 없다는 것입니다. 하나님이 만드셔서 다 좋은 날이니까 '바람 부는 좋은 날, 비 오는 좋은 날, 너무 추운 좋은 날'이라는 것입니다. 굉장한 혜안입니다. 그래서 드디어 알았습니다. 예수 믿는 자가 걷는 인생에 하나님의 은혜가 통치하는 한 이런 날밖에 없습니다. '오늘은 내가 개판 친 은혜의 날, 오늘은 내가 주의 품 안에서 몹시 보챈 은혜의 날, 오늘은 내가 하나님의 가슴을 몹시 상하게 한 감사의 날⋯⋯'

내가 저지른 실수와 관계없이 하나님이 나를 은혜로 다스리시며 은혜로 통치하셔서 그분이 목적하고 약속하신 곳으로 나를 데려다 놓고야 마실 것입니다. 물론 오늘도 나는 등을 돌리기도 하고 실수를 하기도 하고 말도 안 되는 일을 저지르기도 하지만 이미 은혜 안에 있다는 사실을 믿어야 합니다. 이것은 하나님의 약속입니다. 이것이 모든 신자의 흔들릴 수 없는 감사와 기쁨과 평강의 기준입니다. 오늘은 내가 망친 날이지만 하나님이 나를 인도하셨으니 감사한 날입니다. 오늘은 감히 주의 얼굴을 뵙기 낯간지러운 날이지만 감사한 날입니다. "주여, 오늘은 제가 나가서 여러 사람을 패고 와서 할 말이 없지만 감사한 날이올시다."

신앙생활에서 느끼는 좌절감은 언제나 사탄이 하는 이야기에서 옵니다. "너 그래 가지고 예수 믿는 사람일까? 구원받은 사람이라고 확신할 수 있을까? 그렇게 살아서 그 목적지에 갈 수 있을까? 네가 예수를 믿는 것보다 차라리 부처를 믿는 것이 하나님에게 더 영광되지 않을까?" 거기서 일어나십시오.

아메리카 대륙을 발견한 콜롬버스를 축하하기 위해 열린 파티에서 콜롬버스는 이런 제안을 했습니다. "계란을 세워 보라." 아무도 못 세웠습니다. 그러자 그는 계란을 찌그러뜨려서 세웠습니다. "에이, 그렇게 하면 우리도 세우지" 하며 비아냥대는 사람들에게 그는 아주 유명한 대답을 했습니다. "누군가를 따라하는 것은 쉽습니다." 그 이야기만큼 그의 업적에 대한 어려움을 잘 설명하는 말은 없습니다. 그는 3개월 정도 항해한 뒤 아메리카 대륙에 도착했습니다. 언제가 가장 힘들었겠습니까? 출발하기 전이 가장 힘들었을 것입니다. 언제 도착할 것이라는 보장 없이 항해를 떠났기 때문입니다.

결론을 아는 것과 모르는 것의 차이입니다. 우리는 크리스마스를 즐깁니까, 크리스마스이브를 즐깁니까? 이브를 즐깁니다. 다음 날이 성탄절인 사실을 아니까 그 전날 기쁨이 더 큽니다. 12월만 되면 벌써 흥청거리지 않습니까? 정작 25일 아침은 더 이상 기다릴 게 없으니까 그렇게 기쁘지 않습니다.

주일을 기다리니까 우리는 주일 오후보다는 금요일 오후가 좋습니다. 목적지를 아는 자와 모르는 자의 차이입니다. 이것이 신자에게 필요합니다. 목적지에 도달하는 길에 들어와 있음을 아는 자는 실패해도 감사와 기쁨과 평강을 누릴 수 있습니다.

우리는 목적지로 향하고 있습니다. 운명이 내 손에 있지 않고 하나님 손에 있습니다. 하나님이 은혜로 다스리겠다고 선언하시는 대목입니다. 놓치지 마십시오. "주여, 오늘도 성전에 나와서 졸고만 왔습니다. 졸고 온 감사한 날입니다." 이런 말밖에 못해도 자기가 어디로 향하는지 아는 자는 행복한 자입니다. 자기 스스로를 채찍질하는 사람보다 이런 사람이 더 강합니다. 잘못하면 지옥 가고 잘하면 천국 간다고 하는 자가 강할 것 같습니까? 그쪽이 훨씬 불안합니다.

이것은 하나님의 약속입니다. 그저 신앙생활을 효율적으로 하라고 제안하는 것이 아닙니다. 신앙의 성숙에 있어 가장 큰 걸림돌, 넘어서기 어려운 문턱이 바로 여기입니다. 우리의 운명이 하나님 손에 있음을 아는 자가 갖는 이 떳떳함을 모르면 우리는 늘 좌절감에 빠지게 됩니다. 우리는 이 분별을 아는 기쁨과 감격의 자리로 초대받았습니다. 이것을 기억하여 오늘도 승리하기로 결심합시다.

신자의

능력

#12

/

21 나는 우리가 약한 것 같이 욕되게 말하노라 그러나 누가 무슨 일에 담대하면 어리석은 말이나마 나도 담대하리라 22 그들이 히브리인이냐 나도 그러하며 그들이 이스라엘인이냐 나도 그러하며 그들이 아브라함의 후손이냐 나도 그러하며 23 그들이 그리스도의 일꾼이냐 정신 없는 말을 하거니와 나는 더욱 그러하도다 내가 수고를 넘치도록 하고 옥에 갇히기도 더 많이 하고 매도 수없이 맞고 여러 번 죽을 뻔하였으니 24 유대인들에게 사십에서 하나 감한 매를 다섯 번 맞았으며 25 세 번 태장으로 맞고 한 번 돌로 맞고 세 번 파선하고 일 주야를 깊은 바다에서 지냈으며 26 여러 번 여행하면서 강의 위험과 강도의 위험과 동족의 위험과 이방인의 위험과 시내의 위험과 광야의 위험과 바다의 위험과 거짓 형제 중의 위험을 당하고 27 또 수고하며 애쓰고 여러 번 자지 못하고 주리며 목마르고 여러 번 굶고 춥고 헐벗었노라

(고린도후서 11:21-27)

성경이 말씀하는 '능력'과 우리가 생각하는 '능력'은 다릅니다. 예수 믿는 사람뿐만 아니라 보통 사람이 이해하는 능력에 대한 개념은 대부분 자기중심의 능력입니다. 사람들이 말하는 능력은 자존심과 이익을 채워 줄 수 있는 힘입니다. 성경에서 능력은 그런 의미로 쓰이지 않습니다. 성경이 말하는 능력은 '목적을 이루어 내는 힘'으로, 우리가 말하는 능력과는 차이가 있습니다.

능력이란 목적을 성취하는 데 필요한 힘입니다. 목적에 따라 힘도 다르게 필요합니다. 수학 답안지를 쓰는 데 힘센 사람이 필요하지 않은 것과 같습니다. 힘센 사람이 수학 답안지를 쓴다고 해서 더 정확한 답을 쓴다는 보장은 없습니다.

우리는 '아는 것이 힘'이라고 말하곤 합니다. 이때의 힘은 생물학적 힘이 아니라 지력입니다. 마찬가지로 성경에서 능력을 말할 때는 다른 각도에서 생각해 보아야 합니다. 그런데 우리는 성경이 말하는 능력에 대해 나를 채워 주고 만족시켜 주는 힘 정도로 생각합니다. 그렇게 해서 하나님의 영광이 드러나는 것이라고 해석해 버립니다.

본문 말씀 고린도후서 11장 21절 이하를 보면 사도 바울의 경험이 기록되어 있습니다. 그는 매를 수없이 맞고 여러 번 죽을 뻔했습니다. 유대인들에게 40에 하나 감한 매를 다섯 번 맞았다고 합니다. 당시 유대인들에게는 40대 이상 때리지 못하게 하는 법이 있어서 40에 하나 감한 매가 최고형이었습니다. 40에 하나 감한 매를 다섯 번 맞았으니 총 195대입니다. 횟수가 문제가 아닙니다. 지독한 형벌을 다섯 번이나 당한 것입니다. 닷새 동안 연이어 당한 것이 아니라 상처가 아문 다음에 다시 맞았을 것입니다. 게다가 태장을 세 번 당하고 돌로 한 번 맞았는데, 에베소에 전도하러 갔다가 맞은 것입니다. 이 일로 바울이 죽은 줄 알고 사람들이 그를 성 밖에 내다 버렸습니다. 이후에도 많습니다. 파선을 당하고 강도로부터 위험을 당하고, 수고하고 애쓰고 잠도 못 자고 주리며 목마르며 굶고 춥고 헐벗었다고 합니다.

여기서 능력이 나타났습니까? 이런 모습들이 능력 있는 모습입니까? 능력이 있다면 돌로 맞았을 때 돌이 튕겨져 나가 돌을 던진 사람을 맞추고 죽일 정도는 되어야 하는데 그게 아니라 돌에 맞고 뻗습니다. 이것이 능력입니까? 성경만큼 우리가 오해하는 책도 없을 것입니다. 성경에 나오는 단어들은 우리가 알던 의미와 다른 경우가 많습니다. 사랑, 능력, 믿음, 그 어느 것 하나도 우리가 흔히 생각하는 의미와 같지 않습니다.

성경이 왜 사도 바울의 경험에 대해 이야기하는지 알아야 합니다. 성경에서 '능력'은 목적을 이루는 힘을 말합니다. 바울에게 능력이 없어 보이는 것은 우리가 생각하는 목적이 성경이 말하는 것과 다르기 때문입니다.

고대 중국에 사마천이 쓴 《사기(史記)》라는 책이 있습니다. 그 책의 영향으로 우리나라에서도 《삼국유사》와 《삼국사기》가 기록되었습니다. 사마천이 그 글을 쓰기까지 재미있는 이야기가 있습니다. 그는 포로가 된 장군을 찬양하고 두둔하는 글을 써 중죄인으로 잡혀 사형을 당하게 되었습니다. 당시 중국에는 남자가 거세를 당하기로 약속하면 사형을 면하게 해 주는 법이 있었습니다. 그러나 아무도 죽음

대신 거세를 택하지는 않았습니다. 남자가 남자의 자존심과 명예를 버리고 목숨을 부지한다는 것은 당시 사회에서 매장당할 행위였습니다. 그런데 사마천은 죽음 대신 거세를 당하겠다고 나왔습니다. 왜 거세를 당하고 당시 모든 사람에게 경멸과 조롱을 받으면서 목숨을 연장하려고 했겠습니까? 할 일이 있었기 때문입니다. 역사책을 완성해야 했습니다. "우리가 겪었던 시행착오를 우리 후손에게까지 넘기지는 말자. 후손들이 우리와 동일한 실수를 하도록 내버려 두지 말자. 그들이 우리의 전철을 밟게 하지 말자." 이런 생각이 사마천으로 하여금 거세를 당하고도 살아 있게 한 힘이 되었습니다.

바로 이 이야기입니다. 복음이 사도 바울로 매 맞고 돌에 맞고 파선을 당하고 경멸을 당하고 오해받고 사회에서 매장당한 일을 감수하게 한 것입니다. 그는 복음을 전하는 자였기 때문에 그것을 감수할 수 있었습니다. 고린도후서 11장 32절을 봅시다. "다메섹에서 아레다왕의 고관이 나를 잡으려고 다메섹 성을 지켰으나 나는 광주리를 타고 들창문으로 성벽을 내려가 그 손에서 벗어났노라." 느닷없이 이런 진술이 나옵니다. 30절을 보면 이유가 나옵니다. "내가 부득불 자랑할진대 내가 약한 것을 자랑하리라 주 예수의 아버지 영원히 찬송할 하나님이 내가 거짓말 아니하는 것을 아시느니라." 이렇게 맹세까지 했는데 광주리를 타고 도망갔다고 합니다. 이것이 자랑스러운 이야기입니까? 결코 아닙니다. 사도 바울의 어떤 기록도 다 좋지만 특히 광주리를 타고 도망갔다는 이야기를 읽을 때 가장 기분이 좋습니다. 사도 바울이 자기 명예와 자존심을 위하여 하나님에게 능력을 요구하는 것이 아니라 하나님의 복음을 위하여 자기는 밟혀도 좋다는 것을 증명하는 부분이기 때문입니다. 참 대단합니다. "내가 저 산을 정복하고 말겠다. 가다가 밟히면 납작해져서 가겠다. 가다가 찢기면 찢긴 채로 가겠다"라는 것과 같습니다.

프랑스 사병의 충성심을 노래한 슈만의 가곡 〈두 사람의 척탄병〉에 '나는 죽어 있지만 황제께서 싸우는 날 내가 이 장검을 짚고 관에서 일어나 황제를 호위하리라'라는 가사가 있습니다. 애국심과 충성심으로 이런 고백을 한 것입니다. '이 몸이 죽고죽어 일백번 고쳐 죽어 백골이 진토되어 넋이라도 있고없고.' 이토록 나라를 향한 일편단심을 노래한 정몽주의 시도 있습니다.

예수를 믿는 자가 바로 그런 사람입니다. 내가 정작 해야 할 일을 놓치면 쓸데없는 일에 능력을 요구하고 사실상 그런 능력은 주어지지 않아 병이 생깁니다. 우리는 이렇게 묻습니다. '하나님은 왜 하필 그런 방법으로 하시는가? 우리가 잘되어서 하나님을 증명하는 쪽이 더 좋지 않은가?' "하나님, 꼭 이렇게 하실 필요가 있습니까? 자녀가 1차, 2차, 3차 시험에 다 떨어져 신학교밖에 갈 곳이 없는 이 상황이 도대체 뭡니까?" 이것이 우리의 불만입니다. "그러지 마시고 우리 아이를 일등 시켜 주시면 인터뷰할 때 '저는 공부 하나도 안 했어요. 매일 기도하고 금식했더니 답안지에 답이 다 보였습니다'라고 말하게 하겠습니다. 이 얼마나 하나님에게 영광이 되겠습니까?"라고 조릅니다.

하나님은 그렇게 안 하신다고 합니다. 하나님이 그렇게는 싫다고 하십니다. 우리가 하나님과 동업자입니까? 아닙니다. 하나님 마음대로 하실 수 있습니다. 물론 하나님에게는 깊은 이유가 있습니다. 하나님이 하시려는 일에 우리를 부르셨습니다. 하나님이 "내가 이렇게 하겠다"라고 하시는데 거기에 대고 뭐라고 하는 것만큼 우스운 꼴도 없습니다. 하나님이 이렇게 하시겠다는데 왜 우리가 나서는지 모를 일입니다. 하나님이 그렇게 하시는 이유가 있다고 합니다. 고린도후서 12장 7절부터 봅시다.

"여러 계시를 받은 것이 지극히 크므로 너무 자만하지 않게 하시려고 내 육체에 가시 곧 사탄의 사자를 주셨으니 이는 나를 쳐서 너무 자만하지 않게 하려 하심이라 이것이 내게서 떠나가게 하기 위하여 내가 세 번 주께 간구하였더니 나에게 이르시기를 내 은혜가 네게 족하도다 이는 내 능력이 약한 데서 온전하여짐이라 하신지라 그러므로 도리어 크게 기뻐함으로 나의 여러 약한 것들에 대하여 자랑하리니 이는 그리스도의 능력이 내게 머물게 하려 함이라"(고후 12:7-9).

여기에 능력이라는 단어가 두 번 나옵니다. 하나님의 능력은 우리의 약한 데서만 증명된다고 합니다. 신자가 하는 미련한 생각은 내가 힘을 가져서 하나님을 업고 뛰겠다는 생각입니다. 하나님이 불편하게 휠체어를 타고 계시니 나를 건강하게 해 주시면 내가 하나님을 업어 드리겠다고 생각합니다. 큰 오해입니다.

하나님은 우리가 약한 자리에서만 당신의 강함을 증명해 보이신다고 합니다. 가장 분명한 증거가 예수님입니다. 예수의 생애가 능력 있는 자의 삶으로 보입니까, 연약한 자의 삶으로 보입니까? 예수님은 능력 있는 자로 사셨습니까, 연약한 자로 사셨습니까?

우리는 예수님을 능력 있는 분으로 생각합니다. 예수님이 죽은 나사로를 일으키시고 오병이어의 기적을 일으키시고 바다 위를 걸으신 놀라운 일들을 들을 때 우리는 예수님이 능력을 가지고 살았다고 생각하는데 예수님은 한 번도 유능한 자로 사신 적이 없습니다. 하나님 나라를 증명하기 위하여 기적을 베푸신 적은 있어도 예수님이 자신을 증명하기 위하여 기적을 베푸신 적은 없습니다. 십자가에 죽으신 사건이 대표적입니다. 십자가에서 죽는 자리만큼 실패와 경멸과 좌절의 자리는 없습니다. 하나님이신 예수께서 인간들의 손에 체포당하여 묶이고 채찍을 맞아 홍포를 입고 가시관을 쓰고 십자가에 매달리셨습니다. 그는 십자가를 질 힘도 없어서 옆에서 길을 가던 구레네 시몬이 대신 지고 올라가야만 했습니다. 여기에 우리가 말하는 힘과 능력이 있습니까? 예수가 달린 십자가 밑에 있던 사람들이 이렇게 조롱했습니다. "네가 만일 하나님의 아들이거든 내려와 봐라."

우리 기준에서 볼 때 예수님이 유능해 보이는 장면은 한 군데도 없습니다. 그런데도 그는 최후에 "다 이루었다"라고 합니다. 그가 하신 일은 하나님이 요구하신 일 외에 없었습니다. 잡히고 맞고 죽어 가는데 다 이루었다고 합니다. 성경에서는 목적을 이루는 것을 능력이라고 합니다. 그렇습니다. 목적을 이룬 면에서 예수님은 능력이 있습니다.

예수님의 능력은 자신이 옳음을 증명하는 데 동원된 것이 아니라, 자기가 해야 할 일을 이루는 데 동원된 것입니다. 예수가 오신 이유가 무엇입니까? '내가 온 것은 양으로 생명을 얻게 하'기 위함이라고 말

쓰하셨습니다. 그의 죽으심으로 우리가 생명을 얻었습니다. 그가 채찍을 맞음으로 우리가 나음을 입어 하나님의 자녀가 되었습니다. 이 목적을 예수님처럼 잘 이룬 이가 있습니까? 이것이 능력입니다. 예수님보다 더 능력 있는 삶을 산 사람은 없습니다.

그는 생애 속 어느 한 군데에서도 자기를 증명하거나 자기의 고통을 덜거나 자기의 자존심을 위해 능력을 동원한 적이 없습니다. 이것이 바로 신자에게 요구되는 성숙입니다. 로마서 1장 16절을 봅시다. "내가 복음을 부끄러워하지 아니하노니 이 복음은 모든 믿는 자에게 구원을 주시는 하나님의 능력이 됨이라 먼저는 유대인에게요 그리고 헬라인에게로다."

우리는 복음에 힘이 좀 더 있었으면 좋겠다고 생각합니다. "예수를 믿으시오" 하고 이야기할 때 상대방이 살모사 눈을 뜨면 우리는 코브라 눈이 되는 능력이 있으면 얼마나 좋겠습니까. "주 예수를 믿으시오"라고 했을 때 "당신이나 믿으시오"라고 대답하면 그 사람 혀가 꼬이는 능력이 우리에게 있으면 얼마나 좋겠습니까. "당신이나 믿으시오. 귀찮게 굴지 말고 한 대 맞기 전에 빨리 가시오." 현실에서 복음만큼 짓밟히는 것도 없습니다.

사도 바울이 변화되기 전 사울로 있을 때 스데반을 죽이고 살기가 등등하여 예수 믿는 자들을 잡으러 다메섹으로 갑니다. 다메섹 도상에서 예수 그리스도를 만납니다. 예수님이 뭐라고 하셨습니까? "나는 네가 핍박하는 예수라."

우리가 핍박을 당합니까, 예수님이 핍박을 당합니까? 예수님입니다. 우리가 괄시를 당합니까, 복음이 괄시를 당합니까? 복음은 모든 믿는 자에게 구원을 주시는 하나님의 능력이라고 성경은 말씀합니다. 바로 이 점입니다. 능력은 자존심과 무관합니다. 능력은 하나님이 목적하는 바를 이루는 것입니다. 이것은 철저하게 이루어지는 성경의 약속입니다. 우리가 그 인생을 살고 있습니다. 성경은 우리에게 이렇게 요구합니다. 요한복음 12장 24절을 봅시다. "내가 진실로 진실로 너희에게 이르노니 한 알의 밀이 땅에 떨어져 죽지 아니하면 한 알 그대로 있고 죽으면 많은 열매를 맺느니라." 죽으면 많은 열매를 맺고 죽지 않으면 한 알 그대로 있습니다. 누가 이렇게 사셨습니까? 예수님이 이 말씀대로 사셨습니다. 그가 죽으심으로 얼마나 많은 형제를 얻어 냈습니까? 얼마나 많은 신자를 얻어 냈습니까? 이것이 예수님의 삶입니다. 이 말씀이 어떻게 연결되는지 26절을 봅시다. "사람이 나를 섬기려면 나를 따르라 나 있는 곳에 나를 섬기는 자도 거기 있으리니 사람이 나를 섬기면 내 아버지께서 그를 귀히 여기시리라."

우리에게 요구되는 삶입니다. 땅에 떨어져 썩는 밀알, 곧 내가 죽어야 하는 삶입니다. 요한복음 14장 8절을 봅시다. 빌립이 예수님 앞에 나와 요구하자 예수님이 답하십니다. "빌립이 이르되 주여 아버지를 우리에게 보여 주옵소서 그리하면 족하겠나이다 예수께서 이르시되 빌립아 내가 이렇게 오래 너희와 함께 있으되 네가 나를 알지 못하느냐 나를 본 자는 아버지를 보았거늘 어찌하여 아버지를 보이라 하느냐 내가 아버지 안에 거하고 아버지는 내 안에 계신 것을 네가 믿지 아니하느냐 내가 너희에게 이르는 말은 스스로 하는 것이 아니라 아버지께서 내 안에 계셔서 그의 일을 하시는 것이라"(요 14:8-10).

예수께서 빌립에게 하신 말씀은 이런 의미입니다. "나를 보라. 나를 보면 하나님을 알 수밖에 없다. 나를 본 자는 아버지를 보았고, 그는 하나님을 알 수밖에 없다." 누구든지 자기를 위해 삽니다. 자기 이익을 위해 살고 자기 자존심을 내세우는 법인데 예수님은 그렇게 살지 않았다고 합니다. "나를 보라. 내가 나를 위해 산 적이 있더냐? 내 삶을 보라. 내 인생만큼 나 아닌 누구를 위해 사는 인생이 있더냐? 나를 보면, 나를 보내신 이가 있고 내가 순종하는 분이 있음을 알게 될 것이다"라는 말씀입니다.

사람은 누구나 자기를 위해 살고 자기 뜻대로 살고 자기 욕심대로 삽니다. 여기에 그렇지 않은 이가 하나 있습니다. 그분은 자기 목숨을 위해 살지 않고 자기 이익을 위해 살지 않습니다. 이 사람은 배반당해도 끄떡하지 않습니다. 자기 욕심과 자기 계획이 없고 명령만을 수행합니다. 그가 바로 예수입니다. 예수는 자기가 정한 목적이 없고 누구 손에 붙잡힌 바 된 사람입니다. 예수님이 빌립에게 하신 말씀에 잘 나와 있습니다. "나를 보라. 나를 보내신 자가 있다는 사실을 모르겠느냐? 내가 하는 일을 보라. 내가 하는 말을 보라. 내가 한 번이라도 내 말을 한 적이 있더냐? 나는 오직 나를 보낸 이가 하라고 하신 말을 하고, 나를 보낸 이가 살라고 하신 삶을 사는 것을 모르겠느냐."

십자가를 보면 알 수 있지 않습니까. 자기 욕심을 위해 죽는 이가 있습니까? 말이 안 됩니다. 예수님이 죽음을 불사했던 것은 자기를 위해 사는 생애가 아니었기 때문입니다. 그래서 우리에게도 이 삶이 요구됩니다.

11절을 봅시다. "내가 아버지 안에 거하고 아버지께서 내 안에 계심을 믿으라 그렇지 못하겠거든 행하는 그 일로 말미암아 나를 믿으라 내가 진실로 진실로 너희에게 이르노니 나를 믿는 자는 내가 하는 일을 그도 할 것이요 또한 그보다 큰 일도 하리니 이는 내가 아버지께로 감이라"(요 14:11-12).

우리도 예수님처럼 살도록 요구받습니다. 우리가 아버지 안에 있으면, 주님이 하신 일을 우리도 할 수 있습니다. 주님이 하신 일은 단 하나입니다. 양으로 생명을 얻게 하고 자기 목숨을 많은 사람의 대속물로 주는 일입니다.

우리도 그렇게 부름받았습니다. 우리는 우리 자신을 위하여 사는 자가 아닙니다. 우리 중에 아무도 자기를 위하여 사는 자가 없고 자기를 위하여 죽는 자도 없습니다. 우리는 사나 죽으나 주의 것입니다. 우리 삶으로 인하여, 우리 인생으로 인하여, 우리 존재로 인하여, 이 진리가 드러나야 합니다. 이것이 우리 인생입니다. 예수님의 생애처럼 말입니다.

예수님이 십자가에 달려 죽으심으로 복음이 열매를 맺으며 하나님이 예수님을 보내신 목적을 이루신 것 같이, 오늘 우리도 그렇게 부름받은 삶을 사는 자들입니다. 내 삶을 통하여 이웃들이 예수 그리스도에게 돌아오는 열매가 맺히도록 부름받았기에 우리 삶을 능력 있는 삶이라고 합니다. 누가 우리를 밟으면 밟히는 것입니다. 찢으면 찢기는 것입니다. 이것이 우리의 삶입니다. 고린도후서 6장 3절 이하에서 이 삶을 정확하게 묘사합니다. "우리가 이 직분이 비방을 받지 않게 하려고 무엇에든지 아무에게도 거리끼지 않게 하고 오직 모든 일에 하나님의 일꾼으로 자천하여 많이 견디는 것과 환난과 궁핍과 고난과 매 맞음과 갇힘과 난동과 수고로움과 자지 못함과 먹지 못함 가운데서도 깨끗함과 지식과 오래 참음과 자비함과 성령의 감화와 거짓이 없는 사랑과 진리의 말씀과 하나님의 능력으로 의의 무기를 좌우에 가지고 영광과 욕됨으로 그러했으며 악한 이름과 아름다운 이름으로 그러했느니라 우리는 속이는 자 같으나 참되고 무명한 자 같으나 유명한 자요 죽은 자 같으나 보라 우리가 살아 있고 징계를 받는 자 같으나 죽임을 당하지 아니하고 근심하는 자 같으나 항상 기뻐하고 가난한 자 같으나 많은 사람을 부요하게 하고 아무 것도 없는 자같으나 모든 것을 가진 자로다"(고후 6:3-10).

천지를 지으신 창조주로서 그가 죄인의 몸으로 오셔서 죽은 것 곧그의 가난하게 되심은 우리를 부요하게 하기 위해서라고 합니다. 고린도후서 8장 9절을 봅시다. "우리 주 예수 그리스도의 은혜를 너희가 알거니와 부요하신 이로서 너희를 위하여 가난하게 되심은 그의 가난함으로 말미암아 너희를 부요하게 하려 하심이라."

우리도 예수님처럼 가난한 자 같으나 남을 부요하게 하기 위하여삽니다. 그래서 우리 삶은 삶 자체로서는 승리가 아닙니다. 목적을 이루는 것에 대한 승리입니다. 승리를 얻기 위한 방법으로 인생이 주어졌습니다. 인생 자체가 승리로 주어지지는 않았습니다. 인생은 목적이 아닙니다. 우리 삶 자체는 목적이 아닙니다. 방법입니다. 신자의 인생관이 세상과 다른 이유입니다.

인생에서 승리하기 위하여 불의와 부정과 타협하는 것이 아니라 영혼을 구원하기 위하여 인생을 삽니다. 그 결과를 얻기 위해서라면 우리는 세상과 타협할 수 없습니다. 하나님은 우리에게 하나님을 위하여 승리해 달라는 것이 아닙니다. 하나님이 이 승리를 이루실 것인데 그 과정에서 우리를 가난한 자로 쓰시겠다는 것입니다. 여기서 가난한 자란 물질에 관한 것만이 아닙니다. 우리를 세상에서 승리한 자가 아닌 실패한 자로 쓰시겠다는 것입니다. 영혼을 구원하는 승리를 이루어 내는 일에 우리 인생을 쓰겠다고 하십니다.

우리는 하나님에게 매달 천만 원씩 드려도 모자랄 입장인데 하나님은 우리가 드린 두 렙돈을 기뻐한다고 하십니다. 그것을 못하겠습니까. 천만 원씩 바치려면 어렵지만 오늘 번 것 중 10분의 1을 못 바치겠습니까. 액수를 말하는 것이 아닙니다. 우리에게 '성공해라. 승리해라. 높은 사람이 되라'라고 요구하시는 것이 아니라 '져도 좋다. 실패해도 좋다'라고 요구하시는데도, 왜 이 길을 못 갑니까.

갈 수 있는 길입니다. 또 가야만 하는 길입니다. 하나님이 우리를 이 길로 부르셨습니다. 하나님은 우리를 세상의 승리자로 부르지 않으셨음을 명심하십시오. 우리는 영혼을 구원하는 일의 승리를 위하여 부름받은 '거름'입니다. 나무를 키우기 위하여 우리를 부르신 것입니다. 퇴비를 만드는 데 썩지 않으면 어떻게 합니까. 김치를 담그려고 배추를 소금에 절였는데 다음 날 보니까 '배추나무'가 되어 있는 꼴입니다. 하나님이 우리를 어떻게 만들려고 하십니까? 소금에 절이려고 하십니다. 세상 문제에 절여져 파김치가 되어서 오십시오. 이것이 성경이 진술하는 내용입니다. "세상에서 져라. 어떤 문제에서든지 세상 방법으로 승리하지 마라. 정당하게 살아라. 하나님 앞에 순종해라. 그 일로 누가 돌을 던지면 맞아라." 성경이 우리에게 요구하는 것입니다. 그 일에 우리가 부름받았습니다.

힘 나는 이야기 하나 해 드리겠습니다. 이제부터 길어야 30년입니다. 입대할 때 군대에다 엉덩이를 내놓고 "당신들 것이니 맘대로 패십시오" 하고는 제대할 때 엉덩이를 찾아 가지고 나옵니다. "맘대로 패라. 거꾸로 매달라. 그래도 국방부의 시계는 돌아간다" 하고 제대 날짜를 셉니다. 고생해 봤자 3년입니다. 더 좋은 예를 들겠습니다. 친구 중에 하나가 남대문에서 작업복을 파는데 싼 것은 3천 원, 비싼 것은 5천 원입니다. 한번은 3천 원짜리 작업복을 두고 손님과 실랑이를 합니다. 손님이 2백 원 깎자고 하니까 친구가 "손님, 홀딱 남아도 3천 원입니다"라고 했습니다. 그러자 손님이 충격을 받았는지 돈을 다 내고 갔습니다. 홀딱 남아야 3천 원인데 거기서 뭘 깎습니까. 지금부터 홀딱 매를 맞아도 30년만 맞으면 끝입니다.

신자는, 하나님이 영혼을 구원하시고 하나님의 영광을 드러내시는 일을 위하여 살 때 그 능력이 드러납니다. 여기서 우리 능력이 발휘됩니다. 신자는 때리면 맞아야 합니다. 그렇게 해서 하나님의 영광이 선포되고 하나님이 하시고자 하는 일이 이루어집니다. 우리가 여기서 펄쩍 뛰고 일어나면 하나님이 하실 일이 이루어지지 않습니다. 자존심을 세우고 고통을 멈추게 할 수 있습니다. 그러나 그렇게는 하나님이 요구하시는 열매가 맺히지 않는다고 합니다.

하나님이 목적하시는 일과 그 결과를 위하여 부름받은 대로 살고 있는지 돌아봐야 합니다. 이것이 신앙 성숙에 가장 필요합니다. 철 좀 드십시오. 하나님 앞에 부름받은 우리 인생이 무엇을 위하여 존재하는지를 보십시오. 옷을 두 개 가졌습니까? 다 주십시오. 속옷까지 주십시오. 이것이 우리가 살아 내야 할 삶의 모습입니다. 하나님이 우리 삶에 요구하십니다. 성경에서 우리에게 깊이 강권합니다.

우리 삶에 필요한 능력이 나를 증명하는 능력이 아니라 하나님을 증명하는 능력임을 안다면 무슨 일이든 당할 수 있습니다. 사도 바울이 고린도후서 11절 21이하에 기록한 그 아픔을 우리도 드디어 당할 수 있게 됩니다. "패라. 찢어라. 밟아라. 밟으면 터지기밖에 더하겠느냐."

우리 삶에 이 방향과 안목이 생기면 어떤 것도 우리를 무너뜨리거나 좌절시킬 수 없습니다. 불행한 날도 없고 불안한 날도 없고 심드렁한 날도 없습니다. 매일매일 활력이 넘칠 수밖에 없고 주님이 가신 그 길에서 얻는 승리감이 우리를 만족하게 하는 일만 있을 것입니다.

살면 살아서 할 일이 있고 죽으면 죽어서 갈 길이 있는데 무슨 걱정입니까. 오늘 나에게 주신 돈을 주를 위하여 쓸 수 있고 오늘 나에게 주신 맛있는 음식을 주를 위해 기쁨으로 먹을 수 있는데 무슨 걱정입니까. 우리가 가야 하는 길을 하나님이 영광의 길로 선포하고 우리를 끝까지 인도하시는데 말입니다. 우리 인생이 이 길에 초대받았다는 사실을 기억하십시오. 주 앞에 버려야 할 것들을 버리고 힘을 다하여 이 길을 걸어가는 복된 인생이 되기를 바랍니다.

신자의

자비

#*13*

/

1 그러므로 형제들아 내가 하나님의 모든 자비하심으로 너희를 권하
노니 너희 몸을 하나님이 기뻐하시는 거룩한 산 제물로 드리라 이는
너희가 드릴 영적 예배니라 **(로마서 12:1)**

이번 장에서는 자비가 우리에게 필요한 이유와 자비를 어떻게 베풀어야 하는가 대해 생각해 보겠습니다.

본문 말씀 로마서 12장 1절은 이렇게 요약할 수 있습니다. '너희 몸을 산 제사로 드려라.' 그 근거로 제시하는 말씀이 '하나님의 모든 자비하심으로 너희를 권하노니'입니다. 하나님의 자비하심을 근거로 우리 몸을 하나님 앞에 산 제사로 드리라고 요구합니다.

제사는 제물을 위해서 드리는 것이 아닙니다. 저주를 받고 죽음의 대가를 치러야 하는 자가 제물을 바침으로써 죽음을 면하고 심판을 면하는 방법이 제사입니다. 우리가 제사를 드리는 것은 하나님의 모든 자비하심에 근거하고 있습니다.

우선 예수님이 어떤 목적으로 사셨는지를 보면 본문 말씀을 이해할 수 있습니다. 우리가 잘 아는 성경 구절 중 하나인 마태복음 20장 28절 말씀입니다. "인자가 온 것은 섬김을 받으려 함이 아니라 도리어 섬기려 하고 자기 목숨을 많은 사람의 대속물로 주려 함이니라." 예수 그리스도에 관한 어떤 설명도 이보다 더 정확한 설명은 없을 것입니다. 성경은 그가 죽음으로 우리가 화평을 누리게 되었다고, 그의 피로 우리가 하나님과 화목하게 되었다고 진술합니다.

이 구절에서 중요한 점은 우리가 받아야 할 징벌을 예수 그리스도 덕분에 면했다는 사실입니다. 지금 우리가 받는 대접은 우리가 받을 수 있는 대접이 아닙니다. 우리는 원래 형벌과 저주를 받아 마땅한데 예수 그리스도 덕분에 저주와 형벌을 면하여 복을 받고 있습니다. 내가 잘나서도 아니고 내가 원해서도 아니고 예수 그리스도가 오셨기 때문입니다. 로마서 12장에는 이 복음이 담겨 있습니다.

신앙생활을 하는 데 있어 '자비' 문제만큼 어려운 것이 없습니다. 여기에는 두 가지가 걸려 있습니다. 적극적인 것과 소극적인 것입니다. 먼저 적극적인 것에 대해 알아봅시다. 갈라디아서 6장 1절입니다. "형제들아 사람이 만일 무슨 범죄한 일이 드러나거든 신령한 너희는 온유한 심령으로 그러한 자를 바로잡고 너 자신을 살펴보아 너도 시험을 받을까 두려워하라 너희가 짐을 서로 지라 그리하여 그리스도의 법을 성취하라"(갈 6:1-2).

'짐을 서로 지라 그리하여 그리스도의 법을 성취하라'는 말씀 앞에 사람이 만일 무슨 범죄한 일이 드러나거든 그러한 자를 바로잡으라고 합니다. 여기서 '바로잡으라'는 말씀은 예를 들어 기계가 고장났을 때 부품을 갈아 끼우듯 하라는 뜻이 아닙니다. 여기서 '바로잡다'는 말은 고장 난 부분이 있다면 그것이 회복되도록 하라는 뜻입니다. 그래야 짐을 나눠 질 수 있습니다. 팔이 부러졌을 때 우리는 어떤 형편이 되는지 생각해 봅시다. 팔이 부러지면 깁스를 하는데, 팔을 붕대로 감아 목에 걸어 맵니다. 이것이 바로 짐을 나눠지는 모습입니다. 팔이 할 일을 전부 대신하라는 뜻이 아닙니다.

제가 군대 시절에 다쳐서 입원해 있을 때 두 손목이 잘린 환자가 있었습니다. 식사할 때는 붕대를 감은 팔에 숟가락을 끼워서 식사를 하는데 굉장히 잘합니다. 목이 팔을 대신해서 일하는 것을 보았습니까? 그렇지 않습니다. 고장 난 팔을 위해 목이 해 줄 수 있는 일은 석고붕대를 한 팔의 무게를 덜어 주는 일입니다. 이것이 바로 '짐을 나뉘 지라'는 말의 의미입니다. 이런 일에 자비가 동원됩니다.

어떤 집에서 건축 공사를 합니다. 그런데 그 집의 맞은편 집에 '○○교회 성도의 집'이라는 문패가 붙어 있으니까 그 집에서 만만히 보고 땅을 파고 들어와 교인의 집 현관이 반쯤 망가졌습니다. 속이 상한 교인이 참다못해 "당신들 양심이 있소? 이럴 수가 있습니까" 하고 항의했습니다. 그랬더니 공사하는 집에서 오히려 큰소리를 칩니다. 그렇게 서로 다투다가 급기야 욕설까지 오가자 교인은 신자로서 할 말이 없어 그냥 집으로 들어갔습니다. 이 교인이 하루는 새벽 기도회에 갔다가 기쁜 마음에 찬송을 하며 성경책을 옆구리에 끼고 집에 돌아가는데 문 앞에서 그 집 식구와 마주칩니다. 그때 성경을 든 체면이 말이 아니어서 그 집 사람을 보자마자 성경을 저절로 숨기게 되었더랍니다. 우리가 바로 그런 일에 부딪칩니다.

상대방이 잘못했지 내가 잘못한 게 아닙니다. 그런데 성경은 우리더러 그 사람들을 감당하라고 합니다. 그 사람들을 감당하는 것이 우리 책임이라고 합니다. 참 어려운 요구입니다. 이는 정당하지 않아 보입니다. 그러나 성경은 '하나님의 모든 자비하심으로 너희를 권한다'고 합니다.

어떤 교회에서 이런 일이 있었습니다. 교회에 문제가 있어서 공동의회를 여는데 한 사람이 손을 들고 "법대로 합시다"라고 외쳤습니다. 그러자 목사님이 "법대로 했으면 당신은 벌써 지옥에 가 있습니다"라고 대답했습니다. 생각해 볼 만한 이야기입니다. 우리는 하나님의 자비와 긍휼로 이 자리에 있습니다. 이를 기억하는 사람은 법대로 하자는 말을 쉽게 꺼낼 수 없다는 것이 성경의 교훈입니다. 제물로 바쳐지는 자에게 무슨 자랑과 자기만족이 있으며 명예가 있고 자존심이 있겠습니까? 그러나 그렇게 함으로써 지금 심판받을 자리에 있고 죽어 마땅한 한 심령에게 돌이킬 기회가 주어진다고 합니다. 이것이 하나님이 우리에게 요구하시는 삶의 기본자세입니다.

그래서 우리 삶이 힘들지 않다면 고민해 봐야 합니다. 우리 삶의 궁극적 목표는 산 제사로 바쳐지는 것입니다. 우리에게 이런 삶이 요구됩니다. 이 길이 우리에게 이익이라고 합니다. 잘 갈 수 있다는 보장은 없지만 가는 만큼 이익입니다.

신앙생활에서 우리가 자비를 베풀어야 하는 것은 하나님이 우리에게 요구하셨기 때문이고 예수 그리스도께서 그렇게 사셨기 때문입니다. 때로는 재미있고 보람되기에 권하기도 합니다.

삶을 한번 돌아보십시오. 예수를 믿고 나서 쌓인 것이 무엇입니까? 타인을 제물로 삼아서 내 배를 불린 것은 아닌지 꼭 돌아보아야 합니다. 내가 제물이 되어서 이웃을 살린 일이 몇 번이나 있는지 돌아보십시오. 다른 사람을 내 목에 걸어 주고 있는지 생각해 보십시오. 목이 하는 일은 참 많은데 그중 가장 큰 임무는 무거운 머리를 버티고 있는 것입니다. 사실 이 임무만 하기도 힘듭니다. 하물며 남의 짐을 지는 일은 얼마나 힘들겠습니까? 매우 어려운 일입니다.

신학교를 다니다 보니 신학생들이 어려움 속에 있다는 사실을 알게 되었습니다. 경제적 어려움뿐만이 아니라 정신적 어려움도 있습니다. 가정에서는 신학교에 간 것을 기뻐해 주는 사람이 없고 주변에서도 환호의 박수를 쳐 주는 모습을 거의 본 적이 없습니다. 제가 목사가 되겠다고 했을 때 잘했다고 한 사람은 딱 한 사람뿐이었습니다. 그 외에는 없었습니다. 신학교에 가 보니 신학생들 모두 그렇게 외로울 수가 없고 그렇게 고생할 수가 없습니다. 그래서 신학생들을 저희 집에 데리고 있었습니다.

제가 예전에 목사가 된다고 했을 때 부모님이 몹시 반대해서 어느 목사님 집에 피신해 있었습니다. 그 집에 피난을 가 있었는데 저 같은 상황에 있는 다른 학생들과도 같이 있다 보니 집이 난장판이었습니다. 그 목사님이 화장실에 들어갈 때마다 물건이 제자리에 있었던 적이 한 번도 없었습니다. 학생들이 들락거리는 집이니까 물건이 늘 제자리에 없고 마른 수건을 써 본 적이 없습니다. 식사는 언제나 세숫대야 크기 접시 하나에 콩나물 무친 것을 가득 담아 놓고 같이 먹습니다.

그때 저도 나중에 그렇게 하겠다고 결심했습니다. 그리고 그렇게 살기 시작했습니다. 그렇게 살 때 가장 힘든 것은 아내가 시비를 거는 것이었습니다. "당신이 남을 도와주는 것은 좋습니다. 그런데 당신이 도와준 사람 중에 변변한 사람이 있습니까?" 변변찮을 뿐만 아니라 배신하는 친구들까지 생겼습니다. 저한테 분명 혜택을 입고 도움을 받았는데 나중에 "제가 박목사님과 같이 생활해 봤는데, 별 볼일 없던데요" 할 때는 참 속상했습니다.

그때 제가 터득한 것이 하나 있습니다. 자비란 돕는 사람의 자존심을 위해서가 아니라 도움이 필요한 사람을 위해 베풀어야 한다는 사실입니다. 신앙의 위인들은 남을 도울 때 입고 있던 옷을 벗어 주었다고 합니다. 그게 무슨 뜻인지 비로소 이해했습니다. 돕는 일은 돕는 자가 생색을 내기 위해 하는 것이 아니라 도움이 필요한 자를 위해 하는 것입니다. 다른 코트를 가지러 갈 틈이 없습니다. 지금 추우니까 지금 덮어 줘야 합니다. 그러니까 입고 있는 것을 벗어 줄 수밖에 없습니다.

무릇 긍휼과 자비와 사랑은 그것을 필요로 하는 자를 위해 주어야 합니다. 나를 기준으로 생각하고 도와주어서는 안 됩니다. 이 자세를 갖추어야 합니다. 성경은 이를 예수 그리스도의 생애로 묘사합니다. '우리는 죄인인데 우리가 죽어 가게 되자 그분이 우리가 있는 자리까지 찾아오시더라'고 말입니다. 우리에게 필요한 자리까지 말입니다. 이것이 성경이 말하는 성육신입니다.

죄인 된 우리가 있는 곳까지 오셨습니다. 말구유에서 나시고 우리가 있는 자리까지 찾아오셔서 우리를 도우셨습니다. 그가 그렇게 찾아오시고 우리 죄를 위하여 십자가에 죽으심으로 우리에게 주신 이 구원, 이 복을 근거로 우리에게도 권하십니다.

배신감이란 기대를 걸었기에 느끼는 것입니다. 뭔가 바라면서 자비를 베푼 것은 내가 뿌린 것으로 열매를 거두겠다는 기대에서 한 행동일 뿐 진정 상대방을 도와준 것이 아닙니다. 변변한 사람은 도와주지 않아도 스스로 일어납니다. 도와줘 봤자 희망이 없을 것 같은 사람을 도와주십시오. 한 번 도와주고, 두 번 도와주고, 열두 번 도와줘도 밑 빠진 독에다 물 붓는 격인 그런 사람을 도와주어야 합니다. 어느 날 그가 성공했을 때 '내가 그를 도와주어서 그가 이렇게 되었다'

고 말할 생각으로 도와줘서는 안 됩니다. 이는 결국 자기만족이고 생색내기 위한 일입니다.

다음으로 자비의 소극적인 면을 살펴봅시다. 다른 사람의 짐을 나눠 지지 못하고 자비를 베풀지 못하면, 우리는 시험에 듭니다. 오래 전에 선교회에서 일을 한 적이 있습니다. 그 선교회에 한 외국인 선교사가 와서 일을 했습니다. 그분이 대학생을 위하여 선교 활동을 하다가 겨울방학 때 수양회를 열었습니다. 여기저기서 대학생들이 몰려와 백여 명이 모였습니다. 그런데 이분은 완벽주의자였습니다. 구원을 얻으면 현세에서 완벽하게 천사처럼 된다고 믿는 분이었습니다.

이분은 농담도 싫어하고 신자는 항상 단정하고 진지해야 한다고 믿는 분입니다. 그분은 전하고 싶은 내용을 강력히 전달하기 위해 졸병들을 30명쯤 데리고 와서 분위기를 끌고 갔습니다. 그가 너무나 완벽주의적인 모습을 하고 있으니까 결국 화가 난 다른 사람들이 전부 "좋다. 너희는 천사해라. 우리는 사탄이다. 덤벼라"라고 해서 큰 시험에 걸렸습니다. '너희는 가면을 쓴 위선자다' 그러면서 위악적인 자세를 취하는 것입니다. 상대가 가면을 썼다는 것은 너무나 확실하니까 자기들도 악인의 가면을 써서 원래는 안했을 나쁜 행동을 저질러 버리는 심각한 시험입니다.

왜 이런 일이 생기는지를 생각해 보십시오. 상대방이 위선자이든 이중인격자이든 우리는 그가 받는 박수에 대하여 화를 내지 말고 그를 통해 인간이 무엇이며 내가 누구인가를 철저하게 반성하는 자세를 가져야 합니다. 여기가 자비가 필요한 또 하나의 자리입니다. 신앙생활에서 어려운 점 중 하나가 무엇입니까? 보기 싫은 사람을 봐야 하는 것입니다.

교회에서 안타까운 사람은, 생색내면서 일은 많이 하는데 괄시받는 사람입니다. 돈은 돈대로 내고도 돈 낸 만큼 대접을 못 받는 사람입니다. 모두가 그 사람만 보면 고개를 흔듭니다. "저렇게 일할 바에야 나는 안 한다." 여기서 우리가 얼마나 시험에 들었는지 보십시오. 그 사람처럼은 봉사하고 싶지 않아서 정당하게 봉사할 일도 안 합니다. 봉사하고 생색낼 바에야 봉사를 안 하겠다고 합니다. 생색은 내지 말아야 하지만 봉사는 해야 합니다. 할 일은 해야 합니다. 이런 소극적인 생각으로 우리가 어디까지 말려드는지 보십시오. 어떤 사람이 대표 기도를 하는데 30분 동안 합니다. 그러자 다른 사람이 그것에 화가 나서 "하나님, 감사합니다. 아멘"이라고만 기도하고 맙니다. 이것은 정당한 기도를 할 수 있는 기회를 버리는 것입니다. 신앙생활에 자비만큼 어려운 부분이 없을 정도입니다. 우리가 잘하지 못하는 부분입니다.

더 나아가야 할 부분이지 반발해서는 안 될 부분입니다. 누군가의 잘못을 볼 때마다 그것을 나의 잘못으로 보십시오. 그리고 우리가 무엇을 위하여 부름받았는지를 깨닫고 봉사하는 자리까지 가야 합니다.

한 걸음 더 나아가서 생각해 봅시다. 우리의 생활을 보십시오. 세월이 흐를수록 재산은 누적됩니다. 그런데 시간이 흐를수록 식구는 단촐해집니다. 자녀들이 결혼하면 노부부 둘만 남는데, 아파트 여섯 평에서 살기 시작해 죽을 나이가 되면 육십 평에 살게 됩니다. 죽을 날이 뻔하지 않습니까? 죽는 날, 손에 한 푼도 안 남게 딱 맞춰야지 도대체 왜 남겨 둡니까? 그러니 신자들의 삶을 보고 하나님 앞으로 돌아오는 자가 없습니다. 사람들 앞에 증거가 되는 삶을 살아야 합니다. 가진 것 다 꺼내 주십시오. 할 수만 있다면 팔도 잘라 주십시오. 그래서 그의 심령이 하나님 앞에 돌아올 수만 있다면 그보다 더 큰일이 어디 있겠습니까? 하루아침에 그렇게 되라는 것이 아닙니다. 구체적으로 이런 지침을 드리고 싶습니다. 마음에 들지 않는 사람이 있을 때 어떻게 합니까? 뒤에서 욕합니까? 앞에서 욕하는 것이 정당하다고 이야기하는 것은 말장난에 불과합니다. 앞에서 이야기하는 것은 무례하고 무식합니다. 뒤에서 욕하는 사람이 그나마 양심이 있고 상식이 있습니다.

그런데 욕을 먹은 쪽은 '치사하게 뒤에서 욕한다'고 합니다. 치사한 것이 아닙니다. 앞에서 욕하는 사람은 희망이 없는 사람입니다. 그나마 뒤에서 욕하는 사람에게서는 희망이 보입니다. 누군가를 감당할 수 없거나 어떤 사건을 감당할 수 없을 때는 투덜거리는 수밖에 없습니다. 그 외에 다른 방법이 없습니다. 투덜거리십시오. 그 사람 앞에서 투덜거리지 말고 화장실에 들어가서 투덜거리고 나오십시오. 그래서 해결된다면 잘한 짓입니다. 사람들에게 투덜거리기 시작하면 나중에는 그것을 감당하지 못할 뿐만 아니라 상대방도 동일한 수준으로 끌어들이게 됩니다. 그것이 많은 사람에게 전염되어서 다른 사람들도 감당하지 못하게 됩니다. 홀로 감당하십시오. 감당하기 위하여 숨어서 투덜거린다면 그것은 하나님이 하신 요구에 진일보한 것이라 할 수 있습니다.

어떤 사람은 자기한테 죄를 돌리기 싫어서 다른 이에게 공감을 요구합니다. 내가 투덜거리는 것은 내 잘못이 아니라 그 사람이 욕먹어 마땅한 사람이라는 동의를 얻기 위해 주변 사람들을 자기편으로 끌어들입니다. "내가 그 사람을 욕하려는 게 아니라, 그렇게 한 것은 좀 너무하잖아. 성경에도 그렇게 하지 말라고 했는데." 이렇게 자기를 정당화합니다. 이만큼 치사한 것도 없습니다. 그러지 마십시오. 차라리 혼자 욕을 하십시오. 그리고 기도하십시오. "하나님, 제가 죽일 놈입니다. 감당이 안 돼서 그럽니다. 하나님, 그래서 제가 이렇게라도 투덜거리겠습니다." 이것이 진보하는 과정입니다. 또한 감당해야 하는데 내가 감당하지 못하고 있음을 알아야 합니다. 감당할 수 있도록 해달라고 기도하십시오.

상대방이 잘못한 것이 아닙니다. 우리 인생은 정당한 상황을 만날수가 없는 인생입니다. 여기는 하늘나라가 아닙니다. 부딪치는 일이다 사탄의 휘하에 있습니다. 우리도 도끼 들고 덤비고 싶은 심정입니다. 그러나 그럴 수 없지 않습니까? 그러니 뒤에서 이불 쓰고 투덜거릴 수밖에 없습니다. 거기에서 점점 더 지혜로운 방법이 찾아집니다. 꺼내 놓고 싸울 수 없고 상대에게 투덜거릴 수도 없다면 무엇을 할 수 있는지 빌립보서 2장에 기록되어 있습니다.

2장 5절부터 봅시다. "너희 안에 이 마음을 품으라 곧 그리스도 예수의 마음이니 그는 근본 하나님의 본체시나 하나님과 동등됨을 취할 것으로 여기지 아니하시고 오히려 자기를 비워 종의 형체를 가지사 사람들과 같이 되셨고 사람의 모양으로 나타나사 자기를 낮추시고 죽기까지 복종하셨으니 곧 십자가에 죽으심이라 이러므로 하나님이 그를 지극히 높여 모든 이름 위에 뛰어난 이름을 주사 하늘에 있는 자들과 땅에 있는 자들과 땅 아래에 있는 자들로 모든 무릎을 예수의 이름에 꿇게 하시고 모든 입으로 예수 그리스도를 주라 시인하여 하나님 아버지께 영광을 돌리게 하셨느니라"(빌 2:5-11).

지는 것 같아도 이것이 승리이며 패배하는 것 같아도 이것이 우리의 영광이라고 성경은 선언합니다. 지고 사십시오. 손해 보고 사십시오. 희생하고 헌신하십시오. 하나님이 기뻐하십니다. 하나님이 영광을 받으십니다. 그런데 억지로 그렇게 사는 것은 아닙니다.

괴롭고 고통스러운 일이 많습니다. 얼른 죽는 것이 우리의 소원입니다. 그러나 살아 있는 것도 재미있습니다. 매일매일 할 일이 있고 보람과 감격이 있다는 사실에 신이 납니다. 하나님이 나를 통하여 역사하신다는 사실을 확인하는 것보다 더 감격적인 삶은 없습니다.

지십시오. 상대방이 이를 드러내 놓고 물면 물리십시오. 홀딱 물려 봤자 60년이고 긁혀 봤자 긁힐 껍질도 얼마 없습니다. 이것이 우리가 가질 수 있는 배짱입니다. 고생해 봤자 앞으로 30년입니다. 그 이후에 영원한 나라가 나를 기다리고 있고 하나님이 주실 상급이 나를 기다리고 있습니다. 거기에는 눈물도 없고 슬픔도 없습니다. 거기서 주와 함께 평생토록 의와 거룩과 평강과 사랑 속에서 살 것입니다. 그에 비하면 고생하는 이 60년은 너무 짧습니다. 600년쯤 고생시킨다고 해도 불만 없다는 배짱을 가져야 합니다. 지고 사십시오. 뺏기고 사십시오. 그래서 그리스도의 법을 성취하는 삶을 살기 바랍니다.

신자의
훈련

#14

/

15 너희는 다시 무서워하는 종의 영을 받지 아니하고 양자의 영을 받았으므로 우리가 아빠 아버지라고 부르짖느니라 16 성령이 친히 우리의 영과 더불어 우리가 하나님의 자녀인 것을 증언하시나니 17 자녀이면 또한 상속자 곧 하나님의 상속자요 그리스도와 함께 한 상속자니 우리가 그와 함께 영광을 받기 위하여 고난도 함께 받아야 할 것이니라 18 생각하건대 현재의 고난은 장차 우리에게 나타날 영광과 비교할 수 없도다 (로마서 8:15-18)

우리는 하나님의 자녀입니다. 로마서 8장 15절 이하에서도 우리가 하나님의 자녀이고 하나님의 상속자라고 진술합니다. 또한 에베소서 1장 11절 이하에 나온 '우리가 예정을 입어 그 안에서 기업이 되었으니'라는 말씀의 뜻을 알면, 우리가 세상을 아무리 어렵게 살아도 겁나지 않을 수 있는 깨달음과 신앙의 결심이 생길 것이라고 확신합니다.

에베소서 1장 11절에 있는 약속대로 하나님은 우리를 '기업'이 되게 하셨다고 합니다. 기업은 무엇입니까? 이런 생각을 해 봅시다. 학교는 훌륭한 사람을 만드는 곳입니다. 그래서 교실 유리창은 늘 깨져야 합니다. 학교의 유리창이 해마다 깨지지 않는다면 아이들이 이상해지고 있다는 뜻입니다. 그 과정을 거쳐야 훌륭해집니다.

교회에서도 그렇습니다. 가장 많이 투자하면서도 불만스럽게 보이는 곳이 교육 부서입니다. 해마다 좋은 교역자를 모시고 좋은 교사를 모집하는데도 아이들은 달라지지 않습니다. 지나가기 때문입니다. 올해 가르치는 아이들보다 내년에 가르칠 아이들이 더 나을 것이라는 기대는 어리석습니다. 똑같은 일을 매번 반복해야 하는 자리입니다.

우리가 세상에 사는 동안 하나님이 우리에게 가르치고 싶어 하시는 것이 있습니다. 하나님은 우리를 키우기 위하여 세상이라는 학교에 보내 놓으신 것이지, 여기서 우리가 무엇을 움켜잡는지를 보겠다고 하지 않으십니다. 예를 하나 들겠습니다. 학교 다닐 때 이런 친구들이 있었습니다. 생물 시간에 개구리 해부를 하라고 실험실에 들여보냈더니 해부는 안 하고 개구리를 몽땅 가져다가 뒷다리로 튀김을 해 먹습니다. 그렇게 하는 것이 훨씬 재미있고 맛있지만 해부를 배우는 것과 개구리 뒷다리를 튀겨 먹는 것 중 어느 쪽이 더 나은 일이라고 생각합니까? 우리가 그렇게 살고 있습니다. 생물 실험실, 화학 실험실, 물리 실험실에 들어가서 시험 기구를 가지고 실험하는 것이 아니라 주머니에 넣어 와서 팔아먹기 바쁜 불량 학생들 같습니다.

하나님이 우리 생애 동안에 많은 것을 주십니다. 우선 생명을 주십니다. 이는 입학시키는 것과 같습니다. 그리고 한 나라와 시대와 장소라는 배경 속에서 우리를 먹이고 입히고 재우며 우리에게 생활하기 위한 일거리를 주십니다. 돈을 주기도 하고 명예를 주기도 하고 행복을 주기도 합니다. 마치 좋은 시험 기구들을 사용해 공부를 해야 하는 것과 같습니다. "이것은 비싼 시험 기구니 얼른 가져가서 팔아먹자. 너는 망을 보고 너는 가져가고 나는 지문을 지우고 팔겠다. 그런 다음에 셋이 똑같이 나누자." 이러면 안 됩니다. 천만 원짜리 시험 기구를 사다 놓은 부모의 마음을 알아야 합니다. 그것을 통해 무엇을 배우라고 하는지를 알아야 합니다. 하나님이 우리에게 "내가 경제적인 면은 도와줄 테니 그동안 나의 뜻을 열심히 익혀라. 내가 너에게 건강을 줄 테니 나의 일에 봉사하는 훈련을 열심히 받아라. 내가 너에게 명예와 명성과 지식을 줄 테니 그 좋은 지식으로 나의 자녀 된 간증을 해라"라고 하십니다.

훈련소에서 훈련을 받으면 사람이 참 많이 달라져서 나옵니다. 그곳은 많은 것을 제약받는 곳입니다. 가장 큰 제약은 위로받지 못하는 것입니다. 군대에서 겪는 가장 큰 어려움은 외로움입니다. 여기를 가도 욕, 저기를 가도 욕, 여기서 어퍼컷을 맞으면 저기서 훅을 맞고 내무실에 들어와 봤자 훌쩍거릴 수 없습니다. 사람을 삭막하게 합니다. 힘든 것으로 말하자면 군대를 안 가는 것이 좋습니다. 하지만 훈련을 받은 자와 받지 않은 자의 차이는 이루 말할 수 없이 큽니다. 윗사람을 섬기는 것, 졸병 노릇 하는 것, 눈치 빠르게 처신하는 것, 주어진 환경 속에서 맡겨진 일을 맨손으로 해내는 것, 담력, 판단력 등의 실력은 훈련을 통해서만 길러집니다.

하나님이 우리를 훈련하십니다. 건강을 뺏기도 하시고 물질을 뺏기도 하십니다. 오해와 경멸과 천대 속에 살게도 하십니다. 영원히 해결될 것 같지 않은 문제아 자녀들도 주십니다. 거기서 우리는 무수히 많은 것을 배웁니다. 인간이 무엇이며 인생이 무엇이며 물질이 무엇이며 우리가 추구하는 행복이 무엇인지 배웁니다. 이 세상이 우리 앞에 가져다 놓고 유혹하는 현란한 색들 이면의 허무를 꿰뚫어 보는 눈이 비로소 생깁니다. 오죽하면 괴테가 이런 말을 했겠습니까? "눈물과 함께 빵을 먹어 보지 않은 자는 인생의 참다운 맛을 모른다." 우리가 훈련받고 있음을 알아야 합니다.

어느 목장 주인에게 일곱 아들이 있었습니다. 목장 주인은 아들들에게 재산을 물려주려고 했기 때문에 아들들이 목장 일을 잘 배우기를 바랐습니다. 그래서 일곱 아들을 목장에 보내어 일을 시켰습니다. "얘야, 맨 밑의 일 곧 소똥, 말똥 치우는 일부터 해야 한다. 비료는 어떻게 주어야 나무가 잘 자라며, 어떤 비료를 주어야 열매가 단단해지며, 어떻게 가꾸어야 맛이 좋아지며, 인부들을 어떻게 관리해야 하는지를 알아야 한다."

어떤 아들은 이 일을, 어떤 아들은 저 일을 공부하는데 그중 하나는 닥치는 대로 나무들을 베어서 자기 창고에 쌓아 놓습니다. 소나무도 사과나무도 배나무도 베어서 창고에 넣고 자기가 밟는 땅마다 깃발을 꽂고 다니며 "이것은 내 땅"이라고 합니다.

어느 날 아버지가 아들들이 어떻게 배우고 있는지 들여다보았더니 그 아들이 큰 나무를 붙잡고 씨름을 하고 있습니다. 그래서 아버지가 "너는 뭘 하느냐"라고 물으니 "예, 이 나무는 제 것입니다"라고 대답했습니다. 이 어리석은 아들은 아버지가 가르치려는 것과 상관없이 자기 손에 잡은 것은 자기 것이 되는 줄 알았던 것입니다. 혹시 우리가 이렇게 살고 있지 않습니까?

하나님이 우리에게 주신 인생은 거기서 긁어모으는 것만큼 가지고 천국에 오라고 주신 것이 아닙니다. 세상에 있는 것으로는 하나님 나라의 시민권을 사지 못합니다. 그러면 왜 세상에 살게 하십니까? '너희는 내 나라 백성으로서 자리에 맞는 수준에 이르도록 훈련받아야 마땅하다.' 이것이 우리가 예수를 구주로 시인하여 천국 시민권을 확보해 놓았는데도 하나님이 우리를 금방 데려가지 않고 남겨 두신 이유입니다. 훈련을 위한 시간들이 남아 있는 것입니다.

에베소서 5장 18절을 봅시다. "술 취하지 말라 이는 방탕한 것이니 오직 성령으로 충만함을 받으라." 성령으로 충만함을 받으라는 말씀과 술 취하지 말라는 말씀이 왜 대조됩니까? 양쪽 다 무엇인가에 의해서 지배되는 것이기 때문입니다. 술을 먹으면 처음에는 사람이 술을 먹고, 그다음에는 술이 술을 먹고, 끝내는 술이 사람을 먹는다고 합니다. 술이 사람을 지배해 버립니다. 성령도 우리를 지배하기를 원하십니다.

그런데 왜 술 취하는 것은 방탕한 것이라고 합니까? '방탕'이라고 하면 돌아온 탕자 이야기가 떠오릅니다. 우리는 '방탕'과 '돌아온 탕자'에 대해 도덕적 개념으로만 생각합니다. 술을 먹고 놀아나고 돈을 막 쓰는 것으로 생각하지만 아닙니다. 부도덕하게 살아서 방탕하다는 것이 아니라 시간을 '허비하다'라는 뜻입니다. '술 취하지 마라. 이는 허비하는 시간이다'라는 말씀입니다. 무엇을 허비합니까? 하나님의 자녀로서 훈련받고 하나님의 자녀로서 열매 맺어야 하는 시간을 허비한다는 뜻입니다. 이것이 탕자의 비유입니다. 시간을 허비하는 것, 그의 인생과 그에게 맡겨진 사명을 허비하고 지연시키는 것이 탕자가 저지른 가장 큰 잘못입니다.

하나님의 자녀 된 자는 천국 가는 일을 방해받지 않습니다. 하나님은 자녀에게서 눈길이 떨어지지 않으십니다. 그런데 하나님 안에서 성장하고 생애를 통해 열매를 맺는 일에는 우리의 헌신이 필요합니다. 우리는 이 세상을 하나님의 자녀로서 살아야 합니다. 우리의 상급은 우리가 움켜쥔 손안에 있는 것이 아니라 하늘나라에 있습니다. 우리가 잘 아는 달란트 비유를 생각해 봅시다. 각각 한 달란트, 두 달란트, 다섯 달란트를 받았는데, 다섯 달란트 받은 자도 다섯 달란트를 남겼고 두 달란트 받은 자도 두 달란트를 남겼습니다. 주인이 돌아와서 각자에게 "남은 달란트만큼 다 가져라" 하고 상급을 주는 것이 아니라 "네가 하늘나라에서 나와 함께 다스리는 권세를 가지리라" 하는 것입니다. 상급은 지금 우리가 남기는 것이 아닙니다. 세상에서 얻는 것도 아닙니다. 세상을 통하여 성장한 우리의 내적 수준으로 말미암아 하늘나라에서 신령하고 영원한 상급을 받게 됩니다. 그것을 위한 훈련장이 바로 우리 인생입니다.

어떻게 살고 있습니까? 가장 미련한 싸움은 하나님에게 세상 것을 달라고 요청하는 것입니다. 우리가 무엇을 위하여 부름받았는지를 잊어버린 소치입니다. 우리는 이렇게 사탄과 싸웁니다. 예수님이 공생애를 시작하면서 당하신 시험 중에 이런 것이 있었습니다. 사탄이 예수님을 높은 산에 데리고 올라가 세상 만물을 보이며 "내게 절하라. 이것을 다 주겠다"라고 했습니다. 그러자 예수님이 "사탄아, 물러가라. 주 너의 하나님을 시험하지 말고 경배해야 한다"라고 하셨습니다. 이것이 예수 그리스도께서 모든 후손을 위하여 명백하게 선언하신 신자의 결론입니다.

세상살이에서 이런 싸움은 사탄이 칼을 들고 덤벼들 때 내가 맞서는 싸움이 아니라, 사탄이 세상 것을 꺼내 놓고 우리를 유혹하는 일과 하나님이 하늘나라의 상급을 약속해 놓고 우리에게 권면하시는 말씀 사이에서 겪는 갈등으로 나타납니다.

사탄을 좇아가면 분명 세상 것을 얻습니다. 하나님을 좇아가면 하늘나라의 상급을 얻습니다. 우리가 이 갈등에 걸려 있습니다. 우리는 하나님의 자녀이기 때문에 하나님은 우리가 세상 것을 좇아가서 멸망하도록 놓아두지 않으십니다.

마찬가지로 사탄도 우리가 하나님 앞에 칭찬받는 일을 방해하려고 오락가락하면서 우리를 현혹합니다. 그러나 우리 머리끝 하나도 다치게 할 수 없습니다. 우리가 사탄을 좇아갈 때는 하나님이 오셔서 우리 심장을 움켜잡고 떼 가십니다. 우리의 싸움이 여기에 있습니다. 우리가 이 갈등 속에 삽니다. 세상 것을 얻기 위해 사탄과 타협할 것인가, 하늘나라의 상급을 위해 하나님 앞에 항복할 것인가 사이의 갈등입니다. 이쪽을 만족시키면 저쪽과 원수가 될 수밖에 없고, 저쪽을 만족시키면 이쪽과 원수가 될 수밖에 없습니다.

하나님의 자녀로 부름받았으니 하나님의 자녀답게 훈련받아야 합니다. 하나님의 자녀가 아니라면 권하지 않겠지만 하나님의 자녀라면 매를 맞기 전에 말을 듣는 것이 현명합니다.

우리는 세상에서 손으로 긁어 가지는 것이 우리 것이 되지 않는 삶을 삽니다. 그러면 남은 것은 하나밖에 없습니다. 하나님이 나에게 요구하시는 것이 무엇인지 제대로 분별하여 우리에게 주어진 생애를 통해 하나님이 기뻐하실 일을 하는 것입니다. 그것이 우리에게 남겨진 일입니다. 그렇게 하여 주께서 다시 오시는 날 하늘나라에서 하나님이 우리를 칭찬하며 기쁨으로 맞이하실 것입니다. "잘 왔다. 충성된 종들아. 너희가 내 잔치에 같이 참석하여 먹고 마시며 즐기자. 내 나라를 같이 다스리자. 너희는 내 자녀들이니라. 이 면류관을 쓸지어다."

이를 위하여 우리는 예수를 믿는다고 선언하고 주일마다 모이고 하나님을 아버지라고 부르고 성경 말씀을 배우는 것입니다. 우리가 훈련하지 않는다면 신앙의 열심과 헌신이 무슨 소용이겠습니까? 다시 한번 주를 향하여 반복되는 훈련을 잘 받겠다고 다짐하는 복된 심령이 되기를 바랍니다.

새
생명

#15

/

4 그러므로 우리가 그의 죽으심과 합하여 세례를 받음으로 그와 함께
장사되었나니 이는 아버지의 영광으로 말미암아 그리스도를 죽은 자
가운데서 살리심과 같이 우리로 또한 새 생명 가운데서 행하게 하려
함이라 (로마서 6:4)

신앙 성숙에 있어 '새 생명'을 신자가 갖는 생활 규범의 목표로 삼고 자 합니다. 로마서 6장 4절을 다시 보겠습니다. "그러므로 우리가 그 의 죽으심과 합하여 세례를 받음으로 그와 함께 장사되었나니 이는 아버지의 영광으로 말미암아 그리스도를 죽은 자 가운데서 살리심과 같이 우리로 또한 새 생명 가운데서 행하게 하려 함이라."

주께서 죽으심은 우리를 새 생명 가운데서 행하게 하려 함이라고 합니다. 새 생명 가운데 그냥 있게 하지 않고 '행하게' 한다고 합니다. 우리가 해야 할 일이 더 남아 있는지, 있다면 무슨 일인지 살펴봅시다.

성경을 읽을 때 신약은 그나마 이해가 되지만 구약은 이해가 잘 되 지 않습니다. 옛 언약을 구약, 새 언약을 신약이라고 합니다. 구약을 '율법'이라고 하고 신약을 '복음'이라고 합니다. 여기서 율법을 주신 이유를 언급해야 할 필요가 있습니다. 율법이란 구원을 얻게 하지 못 하고 우리를 정죄하기 위한 것이라고 성경은 말씀합니다. 로마서 3장 19절 이하에서는 율법에 대해 이렇게 이야기합니다.

"우리가 알거니와 무릇 율법이 말하는 바는 율법 아래에 있는 자 들에게 말하는 것이니 이는 모든 입을 막고 온 세상으로 하나님의 심 판 아래에 있게 하려 함이라 그러므로 율법의 행위로 그의 앞에 의롭 다 하심을 얻을 육체가 없나니 율법으로는 죄를 깨달음이니라 이제 는 율법 외에 하나님의 한 의가 나타났으니 율법과 선지자들에게 증 거를 받은 것이라 곧 예수 그리스도를 믿음으로 말미암아 모든 믿는 자에게 미치는 하나님의 의니 차별이 없느니라"(롬 3:19-22).

우리는 율법으로 구원 얻은 자들이 아닙니다. 예수 그리스도로 말미암아 구원을 얻었습니다. 그리스도께서 나를 대신하여 죽으심으로 오늘 우리가 하나님의 자녀가 됨을 믿고 고백합니다.

그렇다면 왜 율법이 우리에게 주어졌는가, 왜 율법이 우리를 정죄하는가를 알아야 합니다. 율법의 가치에 대해 오해하면 신앙생활에서 크게 빗나가기 때문입니다. 율법이란 일종의 약도와 같은 것입니다. 우리 교회에서 시청을 찾아가는 약도를 그리라고 하면 어떻게 그리겠습니까? 우리 교회부터 반포대교를 지나 용산을 거쳐 시청까지 가는 길을 그릴 것입니다. 누구든지 그것을 보면 다 찾아갈 수 있습니다. 그런데 맹인은 약도를 받아도 찾아가지 못합니다. 그에게는 약도가 쓸모없습니다.

율법을 따르면 구원에 이릅니다. 우리에게 약도를 그려 주는 것은 그 약도를 보고 목적지까지 찾아갈 수 있도록 하기 위해서입니다. 우리는 약도 즉 율법으로 말미암아 하나님의 영광과 거룩의 자리까지 가도록 되어 있었습니다. 그러나 성경은 율법이 우리를 사망에 이르게 하는 것이 되었다고 합니다. 율법 자체가 우리를 사망에 이르게 한 것이 아니라 우리가 죄인이기 때문에 선한 율법이 우리에게 와서 좋지 않은 결과로 초래되었다는 것입니다. 로마서 7장 13절에서 이렇게 설명합니다. "그런즉 선한 것이 내게 사망이 되었느냐 그럴 수 없느니라 오직 죄가 죄로 드러나기 위하여 선한 그것으로 말미암아 나를 죽게 만들었으니 이는 계명으로 말미암아 죄로 심히 죄 되게 하려 함이라."

율법이 있는 이유는 죄로 죄 되게 하기 위해서라고 합니다. 율법은 선한 것입니다. 선한 것인데도 사망의 열매를 맺은 이유는 죄로 심히 죄 되게 하기 위해서입니다. 어떤 의미인지 예를 들어 보겠습니다. 우리가 벌판에서 방황하고 있는 사람을 보았습니다. 그 사람은 분명한 목적지 없이 이리저리 방황합니다. 우리는 그가 왜 방황하는지 알 길이 없습니다. 우리가 그 사람에게 약도를 주면서 시청까지 오라는 명령을 주었습니다. 그가 약도를 받아 들고 가겠다고 약속했습니다. 그리고 나서도 계속 헤매고 있습니다. 그러면 우리는 '내가 약도를 잘못 그려 줬나?' 하고 생각하게 됩니다. 다시 보니 약도는 정확합니다. 나중에 살펴보았더니 그는 맹인이었습니다.

약도를 아무리 잘 그려 주어도 그는 볼 수가 없으니 약도가 소용 없습니다. 바로 이것이 죄로 심히 죄 되게 한다는 말씀의 의미입니다. 약도가 주어지지 않았을 때는 산책이라도 하는 모양으로 보였을 것입니다. 그런데 어디까지 오라고 요구했는데도 헤매고 있기에 살펴보았더니 맹인이더라는 이야기입니다.

율법은 율법 자체로 있습니다. 율법은 정죄를 선언하는 것도 우리를 유혹하거나 넘어뜨리려는 것도 아닙니다. 그런데 약도를 정확하게 그려 주었더니, 즉 율법을 주었더니 우리가 맹인, 즉 죄인임이 폭로되었습니다. 이것이 바로 죄로 심히 죄 되게 하려 한다는 선언입니다.

율법을 줘 봤자 율법을 지킬 능력이 없는 것입니다. 약도를 아무리 잘 그려 주어도 앞을 볼 수가 없어서 목적지를 찾아가지 못합니다. 그래서 '율법의 행위로 그의 앞에 의롭다 하심을 얻을 육체가 없'다는 선언이 떨어졌습니다. 목적지에 도달하기 전에 우리에게 더 중요한 일이 생겼습니다. 약도를 보기 전에 먼저 눈을 떠야 합니다. 약도를 잘 그린 것으로 눈을 뜨게 할 수 있습니까? 그럴 수는 없습니다. 수술을 해서 눈을 뜨게 하는 수밖에 없습니다. 예수 그리스도는 우리의 눈을 뜨게 하려고 오셨습니다. 영적으로 죽어 하나님과 관계없는 이방인이 된 우리를 살아나게 하시고 새롭게 하여 하나님의 자녀로 만드시려고 오셨습니다. 예수 그리스도의 죽으심으로 말미암아 우리는 하나님의 자녀가 되었습니다. 비로소 눈을 뜬 것입니다.

그래서 이제 무엇을 합니까? 옛날에는 눈을 감고 헤매다가 이제는 눈을 뜨고 헤맵니까? 성경이 우리에게 묻습니다. "너는 새 생명을 얻었다. 눈을 떴다. 하나님이 누군지를 알고 인생이 무엇인지를 알고 네 죄가 있다는 사실을 알았다. 그러니 어떻게 살아야 하겠느냐?" 이렇게 질문해 옵니다.

약도를 받았던 때는 우리가 맹인이었기 때문에 그것을 둘둘 말아서 지팡이로 짚고 다녔습니다. 이는 이스라엘 백성이 행한 일과 같습니다. 다른 사람들보다는 조금 낫습니다. 지팡이가 된 약도 덕분에 계단에서 넘어지지 않고 구덩이에 빠지지 않습니다. 하지만 약도의 기능은 전혀 몰랐습니다. 율법이 무엇을 위하여 쓰이는지 몰랐습니다. 그래서 유대인이나 헬라인이나 우리나 동등하게 예수 그리스도의 은혜로 구원을 얻었다고 선언하는 것입니다.

눈을 떠서 하나님의 자녀가 된 지금이야말로 약도가 필요합니다. 하나님이 우리 생에 요구하시는 것이 무엇인지를 확인해야 합니다. 그분의 뜻이 무엇인지 그분의 방법이 무엇인지 드디어 볼 수 있게 되었기 때문입니다.

그런데 불행히도 많은 신자가 이를 제쳐 두고 누구 눈이 더 큰지를 비교하고 앉아 있습니다. 누구 시력이 더 좋은지 비교하면서 싸웁니다. 우리는 우리가 도착해야 할 자리까지, 하나님의 요구 사항인 율법을 따라 나아가야 하는 사람들입니다. 본문 말씀이 이를 요구합니다.

"그러므로 우리가 그의 죽으심과 합하여 세례를 받음으로 그와 함께 장사되었나니 이는 아버지의 영광으로 말미암아 그리스도를 죽은 자 가운데서 살리심과 같이 우리로 또한 새 생명 가운데서 행하게 하려 함이라"(롬 6:4).

우리는 할 일이 태산 같이 많은 사람들입니다. 눈을 뜬 것은 몹시 축하할 일이고 감격할 일입니다. 눈을 떴으니 이제 시작입니다. 눈을 떠서 보니까 우리가 한심한 곳에 있습니다. 예수를 믿는 사람들이 가장 많이 하는 실망은 내가 예수를 알고 구주를 영접했는데도 안 믿는 사람들과 별다를 것이 없다는 데 있습니다. 그것이 바로 '여기에 있는 상태'입니다. 눈을 떴을 뿐 다른 맹인들보다 한 걸음도 더 나아가 있지 않습니다. 다만 눈을 떴기 때문에 가야 할 곳을 압니다. 그곳에 가야만 합니다. 우리에게 그런 생활이 요구됩니다.

새 생명을 얻었습니까? 감격하십시오. 감사하십시오. 동시에 두려워 떨어야 합니다. 명령받은 길로 가야 합니다. 성경이 요구하는 것을 따라 살아야 합니다. '주 너희 하나님을 사랑하라. 네 이웃을 네 자신과 같이 사랑하라'는 말씀을 다 이루어야 합니다. '네 이웃에 대하여 미련한 자라고 욕하지 말라. 내가 너희를 사랑한 것 같이 너희도 서로 사랑하라'고 성경이 요구합니다. 주께서 우리를 사랑한 것 같이, 그분이 우리를 위하여 십자가에 달려 죽으신 것 같이 우리도 이웃을 사랑하도록 부름받았습니다. 그것이 새 생명 가운데서 우리에게 요구되는 신앙 성숙의 근본적 실천입니다.

우리는 그리스도의 죽음과 그 죽음으로 말미암아 얻게 된 것이 무엇인지 아는 자리로 초대받았습니다. 우리는 거듭난 자이며 새 생명을 소유한 자입니다. 지금이라도 죽으면 천국에서 만날 사람들입니다. 하나님이 우리에게 새 생명을 주신 것은, 살아 있는 동안 하나님 앞에 우리 삶을 바치라는 의미입니다. 이를 깨달아야 합니다. 기뻐하고 감격하는 일만 있지 않습니다. 주를 좇아 자기를 부인하고 자기 십자가를 지는 길을 걸으라고 우리에게 새 생명을 주신 것입니다. 기뻐하는 것으로 끝내지 마십시오. 헌신으로 끝내십시오. 감격하는 것으로 끝내지 마십시오. 결심에 이르십시오. 주의 죽으심에 감격했던 모든 심령이 이 복된 결심을 하고 살아가기를 바랍니다.

신자의
삶

#16

/

22 여호수아가 그 땅을 정탐한 두 사람에게 이르되 그 기생의 집에 들어가서 너희가 그 여인에게 맹세한 대로 그와 그에게 속한 모든 것을 이끌어 내라 하매 23 정탐한 젊은이들이 들어가서 라합과 그의 부모와 그의 형제와 그에게 속한 모든 것을 이끌어 내고 또 그의 친족도 다 이끌어 내어 그들을 이스라엘의 진영 밖에 두고 24 무리가 그 성과 그 가운데에 있는 모든 것을 불로 사르고 은금과 동철 기구는 여호와의 집 곳간에 두었더라 25 여호수아가 기생 라합과 그의 아버지의 가족과 그에게 속한 모든 것을 살렸으므로 그가 오늘까지 이스라엘 중에 거주하였으니 이는 여호수아가 여리고를 정탐하려고 보낸 사자들을 숨겼음이었더라 (여호수아 6:22-25)

본문 말씀에서 25절을 다시 봅시다. '여호수아가 기생 라합과 그의 아버지의 가족과 그에게 속한 모든 것을 살렸으므로 그가 오늘까지 이스라엘 중에 거주하였으니.' 그가 오늘까지 이스라엘 중에 거주하였다는 말씀을 기억해 두고 여호수아 2장 8절부터 12절을 봅시다.

"또 그들이 눕기 전에 라합이 지붕에 올라가서 그들에게 이르러 말하되 여호와께서 이 땅을 너희에게 주신 줄을 내가 아노라 우리가 너희를 심히 두려워하고 이 땅 주민들이 다 너희 앞에서 간담이 녹나니 이는 너희가 애굽에서 나올 때에 여호와께서 너희 앞에서 홍해 물을 마르게 하신 일과 너희가 요단 저쪽에 있는 아모리 사람의 두 왕 시혼과 옥에게 행한 일 곧 그들을 전멸시킨 일을 우리가 들었음이니라 우리가 듣자 곧 마음이 녹았고 너희로 말미암아 사람이 정신을 잃었나니 너희의 하나님 여호와는 위로는 하늘에서도 아래로는 땅에서도 하나님이시니라 그러므로 이제 청하노니 내가 너희를 선대하였은즉 너희도 내 아버지의 집을 선대하도록 여호와로 내게 맹세하고 내게 증표를 내라"(수 2:8-12).

그 두 정탐꾼이 이렇게 이야기합니다. "우리가 이 땅에 들어올 때에 우리를 달아 내린 창문에 이 붉은 줄을 매고 네 부모와 형제와 네 아버지의 가족을 다 네 집에 모으라"(수 2:18). 21절도 봅시다. '라합이 이르되 너희의 말대로 할 것이라' 해서, 본문 말씀에 이스라엘이 가나안 땅에 입성했을 때 라합과 그의 친족들은 모두 살려 주었다는 내용이 나옵니다.

본문 말씀을 선택한 이유와 이 말씀에서 나누고 싶은 것이 있습니다. 기독교인으로서 성숙한 신앙생활을 하자는 말을 많이 하다 보니 중요한 사실은 간과한 채, 이쪽으로만 너무 치우칠까 봐 걱정이 됩니다. 예수를 믿고 나서 하나님의 자녀답게 사는 것이 하나님에게 보답하는 것이라고 생각한다면 아직도 성숙의 의미를 잘 모른다고 할 수 있습니다. 신자가 성숙해야 하는 것은 의무이기 때문이 아니라 의무감을 뛰어넘어, 그렇게 사는 것이 기쁨이고 자랑이고 '하고 싶은 일'이기에 그렇게 사는 것입니다.

공부의 필요성은 하면 할수록 느낍니다. 학창 시절에는 공부를 하고 싶어서 하는 사람이 별로 없지만 나이가 들어서 공부를 한다면 공부가 정말 재미있거나 필요해서 하는 것입니다. 단지 책임을 다하거나 효도하기 위해서 공부한다면 공부의 맛을 모르는 것입니다.

남을 돕는 일은 돕는 것 자체로 충분히 하나의 이유가 됩니다. 하나님이 우리에게 네 이웃을 네 자신과 같이 사랑하라고 하셨고 두 벌 옷을 가졌으면 나눠 주라고 하셨습니다. 물론 그렇게 사는 것은 책임이지만 책임을 뛰어넘어 그 일을 한다면 그것은 기쁨일 것입니다. 그 자체가 즐겁습니다. 이런 것이 성숙입니다.

라합 사건을 보면서 기억할 것은 성경에서 라합은 '기생 라합'으로 기록되었다는 점입니다. 기생 라합이 구원을 얻어 라합과 그의 아버지의 가족과 그에게 속한 모든 것이 살게 됩니다. 23절을 보면 정탐한 사람들이 들어가서 라합과 그 부모와 그 형제와 그에게 속한 모든 것을 이끌어 내고 그 친족도 다 이끌어 냅니다.

라합이 롯보다도 낫습니다. 소돔과 고모라 성을 멸하려 할 때 하나님의 사자들이 와서 롯을 권면했습니다. 그때 롯이 사위들에게 가서 권면했지만 그들은 롯의 말을 듣지 않아서 그의 식구 중 롯을 포함해 세 명밖에 살아남지 못했습니다. 롯의 아내도 죽고 말았습니다. 롯과 두 딸밖에 살아남지 못했고 재물도 건지지 못했습니다.

롯에 비해 라합은 오히려 준비되어 있지 않은 사람입니다. 그런데 라합은 아버지와 형제와 그에게 속한 친족들까지 다 살려 냅니다. 라합이 구원을 얻는 자리는 우리가 구원을 얻는 자리와 너무나도 비슷해서 감동을 줍니다.

성경에서 멸망당할 운명에 처한 사람을 가리키는 단어는 죄인입니다. '죄인'이라는 단어가 '기생'이라는 단어보다 좀 낫다고 생각하면 오해입니다. 이에 대한 표현으로 성경은 우리를 본질상 진노의 자녀라고 묘사합니다. 저주받은 자들이라고 합니다. 그래서 라합의 구원은 우리의 구원과 비슷합니다. 우리는 다 그렇게 구원을 얻었습니다.

그런데 성경이 라합을 통해서 하는 말씀은 구원 얻은 것이 끝이 아니라, 그가 오늘까지 이스라엘 중에 거주하였다는 이야기입니다. 구원을 얻은 '이후'를 위해 구원을 얻은 것입니다. 즉 구원 자체를 위해서 구원을 얻지 않습니다. 항복하면 항복하기 전보다 나은 미래가 있기 때문에 항복하는 것입니다.

예수를 믿고 구원을 얻은 이후의 생애가 이전과 다르기 때문에 결단하고 문턱을 넘어선 것 아닙니까? 그런데도 우리는 여전히 문턱에 앉아 있습니다. 모두 철로 변에 앉아서 하나님이 6·25때 나를 어떻게 도와주셨는지를 이야기하고 자갈로 공기놀이나 하고 있습니다. 넘어선 그다음 생애가 없습니다.

자랑하는 것이라고는 내가 어떻게 구원을 얻었는가, 내가 그때 얼마나 몹쓸 죄인이었는가, 예수 그리스도께서 나에게 어떻게 은총을 베푸셨는가 하는 이야기뿐입니다. 그래서 지금은 무엇을 하고 있는지에 대해 할 말이 없다면, 하나님이 우리에게 베푸시고 약속하시고 우리 손에 쥐어 주신 구원 즉 우리가 걸어가야 할 길인 신앙의 성숙을 누리지 못하고 있는 것입니다.

룻기 4장 16절을 봅시다. "나오미가 아기를 받아 품에 품고 그의 양육자가 되니 그의 이웃 여인들이 그에게 이름을 지어 주되 나오미에게 아들이 태어났다 하여 그의 이름을 오벳이라 하였는데 그는 다윗의 아버지인 이새의 아버지였더라"(룻 4:16-17).

나오미는 사사시대에 있던 이스라엘 여인입니다. 나오미의 가족은 땅에 기근이 들자 모압 땅으로 피난을 갔습니다. 거기서 나오미는 두 아들을 위하여 모압 여인을 며느리로 삼았는데 거기서 남편도 죽고 두 아들도 죽어 버렸습니다. 자기와 두 며느리만 남았는데 삶이 정말 초라해졌습니다. 친척도 없고 의지할 데도 없고 자기 동족도 없습니다. 그래서 본국으로 돌아가기로 결심합니다. 두 며느리에게는 "아들이 다 죽었으니 나와 함께할 필요가 없다"라고 하면서 그들의 동족에게 돌아가라고 합니다. 한 며느리는 돌아가고 룻이라는 며느리는 시어머니의 하나님을 자기의 하나님으로 섬기기로 하고 시어머니를 좇아갑니다. 룻은 시어머니를 따라간 곳에서 보아스라는 지주를 만나 결혼하고 아이를 낳게 됩니다. 족보를 따지면 이상하지만 나오미는 며느리가 다시 결혼을 해서 낳은 자식을 품에 안게 된 것입니다. 그토록 외롭고 의지할 데 없는 불쌍했던 여인이 말년을 얼마나 풍족하게 살았겠습니까. 손자를 안고 있다는 것은 인생의 황혼에 있어 가장 행복한 정경으로 묘사됩니다.

그런데 나오미 쪽에서 볼 때 오벳이라는 손자의 족보는 어떻게 됩니까? 며느리의 새 남편의 아들이니까 사실은 친손자가 아닙니다. 그런데 마태복음 1장에 나온 족보에서 재미있는 점을 발견할 수 있습니다. 1장 5절입니다. '살몬은 라합에게서 보아스를 낳고 보아스는 룻에게서 오벳을 낳고.'

여기 보면 오벳의 아버지는 보아스인데 보아스의 아버지는 살몬이고, 살몬의 부인이 라합입니다. 보아스의 어머니가 라합입니다. 그러면 라합은 오벳의 친할머니가 됩니다. 나오미가 친손자도 외손자도 아닌 아이를 안고 기뻐했다면 라합은 얼마나 더 행복한 말년을 보냈겠습니까. 성경이 하고 싶은 이야기를 이렇게 빗대어서 하는 것입니다. '나오미는 자기 혈통도 아닌 손자를 안고 말년을 기쁘게 보내는 것으로 이웃 사람들이 그를 부러워했다. 라합의 경우는 말로 표현 못할 정도이다.'

이스라엘에서 지주는 부자를 상징합니다. 지주들은 땅을 가문별로 나눠 가졌습니다. 땅을 나눠 가진 가문은 그 지위에 따라 선조가 물려준 땅덩어리만큼 후손에게 물려주어야 했고 땅을 사고팔지 못하도록 되어 있었습니다. 그래서 이스라엘 백성 가운데 누가 부자라고 하면, 그 선조부터 부자였다는 뜻입니다. 보아스는 거부였습니다. 보아스가 부자라는 것은 살몬이 부자라는 이야기입니다. 기생 라합이 부자 살몬과 결혼했다는 것입니다. 기생 라합이 부자 가문에 시집을 간 이야기가 성경에 있습니다. 이 이야기가 왜 나오는지 주의해서 보아야 합니다.

저주받을 땅에 살던 이방 여인이 이스라엘 정탐꾼들을 감춰 준 일로 하나님의 자녀가 되었습니다. 그런데 그것으로 끝이 아닙니다. 그 일은 그다음 인생의 출발에 불과한 것이고 하나의 전환점이 된 사건에 불과합니다. '내가 옛날에는 기생이었는데 하나님을 믿고 그분의 백성 가운데 들어가기로 결심하여 새로운 삶을 얻었다'라는 이야기는 훗날 왕좌에 앉아서 할 때 가치가 있는 것입니다.

저는 이북에서 피난 온 사람입니다. 피난 온 부모들이 자녀들에게 "우리가 공산당 치하에서 예수 못 믿게 하는 것을 뿌리치고 목숨 걸고 도망 와서 여기에 산다"라는 말을 합니다. 이 말을 예수 믿고 사는 보람 없이 어떻게 할 수 있겠습니까. 공산 치하를 벗어나 예수를 믿기 위하여 여기까지 왔다는 말을 처절한 자리에서 한다면 어떻게 자랑이 되겠습니까. 예수 믿는 사람이 세속적 차원의 간증거리를 구한다면 라합 이야기만 한 것이 없습니다.

하나님은 모든 신자에게 이 복을 누리게 하십니다. 우리는 예수 그리스도 안에 사는 자들이며 그리스도 예수의 이름으로 무엇이든지 구하도록 허락받은 사람들입니다. 우리의 머리털까지 다 세시는 하나님이 우리 아버지로서 오늘도 우리를 지키십니다. '눈동자 같이' 지키신다고 합니다.

우리의 자랑은 무엇입니까? 혹시 라합 이야기를 이렇게 사용하지는 않습니까? 붉은 줄을 걸어 두면 그 집은 건드리지 않겠다고 했으니까 라합이 타잔이 되어서 여리고 성 이쪽에서 저쪽으로 왔다 갔다 하며 산다고 말입니다. 사실 타잔만큼 불쌍한 사람도 없습니다. 늘 팬티 바람입니다. 예수 믿는 사람들이 그렇게 보입니다. 구원의 줄 하나만을 붙잡고 "야호!" 하고 있습니다. 팬티 바람으로 타잔처럼 이리 갔다 저리 갔다만 합니다. 얼마나 부끄러운 일입니까. 꺼내 놓을 것이 없습니다. '나는 그리스도 예수를 믿어서 구원을 얻었습니다'라는 내용이 전부입니다. 그 이야기밖에 없고 넘어선 후의 생애는 없습니다. 온통 구원 얻은 그때 이야기뿐입니다. 지금 올라와 앉아 있는 보좌에 대한 내용이 없습니다. 이 보좌를 성숙이라고 합니다.

성경에서 라합 이야기를 할 때 '기생'이라는 단어가 나옵니다. 히브리서 11장에도 '기생'이라고 나와 있습니다. 그런데 기생이라는 명칭이 없는 곳이 있습니다. 위에서 살펴본 마태복음 1장입니다. "살몬은 라합에게서 보아스를 낳고 보아스는 룻에게서 오벳을 낳고 오벳은 이새를 낳고 이새는 다윗 왕을 낳으니라." 왕의 족보를 쓰고 있는데 어떻게 감히 기생이라고 쓰겠습니까. '너희가 어디서 출발했든지 그것은 단지 출발에 불과하다'라는 말씀입니다. 그것이 오늘 우리의 자랑입니다.

왕의 자리에 앉아 과거를 돌이켜 보는 관점에서 과거에 기생이었으면 어떻고, 죄인이었으면 어떻고, 저주받았던 생애면 어떻습니까. 내가 지금 여기에 와 있다면 말입니다. 그러나 내가 앉은 자리가 왕의 족보에 속한 자리도 아니고 또한 그 자리를 누릴 수 없다면 구원 얻었다는 이야기를 하루 종일 되뇌도 감동이 없고 자랑스럽지 않을 것입니다. 이것이 중요합니다.

신앙적으로 성숙하라는 말씀은, 하나님이 우리에게 요구하시는 일을 의무감으로 하라는 의미가 아닙니다. 그 자체가 우리의 자랑입니다. 내가 누릴 생애이며 삶으로 소유해야 하는 것들입니다. 성경이 요구하는 대로 살아 보십시오. 이웃을 사랑하라고 하면 사랑해 보십시오. 그것이 우리에게 주는 넘쳐 나는 기쁨을 누리게 될 것입니다.

건강하기 위해서는 운동을 해야 합니다. 운동은 하는 만큼 이익입니다. 물론 지나치게 하는 것은 안 하는 것만 못하지만 운동 안 하고 누워 있는 것은 가장 나쁩니다. 이스라엘의 지도에서 자주 언급되는 지명은 사해와 갈릴리바다입니다. 사해는 흘러 들어가는 물만 있고 나가는 물은 없습니다. 모든 것이 죽는 곳입니다. 흘러들기만 하고 나가는 것이 없는 만큼 스스로의 생명을 포기하는 것은 없습니다. '너희가 거저 받았으니 거저 주라.' 우리 생애를 이렇게 살아야 합니다. 이것이 성숙입니다.

우리가 하나님 앞에서 거저 받은 것들을 다른 이들에게 거저 주십시오. 마치 예수 그리스도께서 우리의 생명을 위하여 그의 생명을 주신 것 같이 우리가 사는 동안에 가진 것을 누가 더 많이 주는지의 싸움이 성숙이라고 할 수 있습니다.

우리 생애가 그렇게 나아가기를 결심해야 합니다. 그렇게 되면 스스로가 '가진 자'임을 알게 되고 '넘치는 자'임을 알게 됩니다. 하나님이 약속하신 모든 말씀이 내 것임을 알게 됩니다. 그것을 누리는 기쁨이 있습니다.

돈을 쓰는 사람과 돈을 소유하는 사람 중 어느 쪽이 더 나은 사람입니까? 쓰는 사람입니다. 돈을 쓰는 것 같이 우리 인생도 하나님을 위하여 쓰도록 각자에게 주어졌습니다. 내 생명은 내가 소유하고 있지 않습니다. 하나님의 일을 위해 쓰도록 주어졌습니다.

하나님이 오늘 나에게 맡긴 시간입니다. 왜 그것을 쓰지 않고 부둥켜안고 있습니까? 하나님이 맡기신 것입니다. 써 보십시오. 돈을 쓰는 맛은 최고입니다. 인생도 그렇게 살아 보십시오. 하나님 앞에 맡겨진 생애임을 알고 살아 보십시오. 그 삶이 우리를 풍족하게 할 것입니다. 신자의 신앙생활 중 가장 애꿎고, 안돼 보이고, 무력해 보이고, 바보 같은 때가 정지해 있는 시간입니다.

신자답게 사십시오. 그렇게 살기 위하여 구원 얻었습니다. 그렇게 살기 위하여 믿는다고 결심한 것입니다. 왜 그 명령과 약속을 따라 생애를 설계하지 않습니까? 왜 발을 내딛지 않습니까? 모두 앉아만 있습니다. 세속적으로 살려면 무엇 때문에 교회에 나옵니까? 교회에 나가겠다는 결심은 영적으로 살겠다는 선언입니다. 그렇게 살아야 합니다. 그때 모든 승리의 찬송이 우리 것이 되는 감격과 기적을 맛볼 것입니다.

예수 그리스도께서 하신 모든 약속이 지금도 이루어지고 있음을 알게 될 것입니다. 그 일로 우리가 부름받았고 우리 스스로도 우리의 발걸음을 옮겼다는 사실을 잊지 마십시오. 부름받은 삶, 나의 복과 영광을 위해서도 놓치지 말아야 할 하나님의 자녀로서의 삶을 이제부 터라도 누리기를 권합니다.

신자의
길

#17

/

1 이스라엘 자손들이 온전히 바친 물건으로 말미암아 범죄하였으니 이는 유다 지파 세라의 증손 삽디의 손자 갈미의 아들 아간이 온전히 바친 물건을 가졌음이라 여호와께서 이스라엘 자손들에게 진노하시니라 (여호수아 7:1)

앞 장에서는 라합이 비천한 자리에서부터 하나님을 알고 난 다음, 여생을 행복하고 영광스럽게 보냈다는 내용을 살펴보았습니다. 이번 장은 라합과 반대되는 인생을 산 사람의 이야기입니다. 아간이라는 사람이 복 받고 선택받은 지위에서 나락으로 떨어지는 내용입니다.

먼저 여호수아 7장 1절에 기록된 대로 그가 여호와께 바친 물건으로 범죄하였다는 말이 무슨 뜻인지 알아야 합니다. 신명기 7장 23절을 찾아봅시다. 모세가 이스라엘 백성을 가나안 땅으로 들이기 위하여 광야 생활을 다 마치고 요단 앞에 섭니다. 이스라엘 백성이 가나안에 들어가기에 앞서 모세가 이런 경고를 합니다.

"네 하나님 여호와께서 그들을 네게 넘기시고 그들을 크게 혼란하게 하여 마침내 진멸하시고 그들의 왕들을 네 손에 넘기시리니 너는 그들의 이름을 천하에서 제하여 버리라 너를 당할 자가 없이 네가 마침내 그들을 진멸하리라 너는 그들이 조각한 신상들을 불사르고 그것에 입힌 은이나 금을 탐내지 말며 취하지 말라 네가 그것으로 말미암아 올무에 걸릴까 하노니 이는 네 하나님 여호와께서 가증히 여기시는 것임이니라"(신 7 : 23-25).

이스라엘 백성이 가나안으로 들어가는 데 있어서 그 땅을 차지하는 것은 문제가 아닙니다. 그 땅은 하나님이 주신 땅입니다. 가서 빼앗아야 하는 땅이 아닙니다. 그들 것입니다. 여호수아 6장에서도 동일한 경고가 나옵니다. 17절을 봅시다.

"이 성과 그 가운데에 있는 모든 것은 여호와께 온전히 바치되 기생 라합과 그 집에 동거하는 자는 모두 살려 주라 이는 우리가 보낸 사자들을 그가 숨겨 주었음이니라 너희는 온전히 바치고 그 바친 것 중에서 어떤 것이든지 취하여 너희가 이스라엘 진영으로 바치는 것이 되게 하여 고통을 당하게 되지 아니하도록 오직 너희는 그 바친 물건에 손대지 말라 은금과 동철 기구들은 다 여호와께 구별될 것이니 그것을 여호와의 곳간에 들일지니라 하니라"(수 6:17-19).

분명히 금은과 동철은 하나님에게 바치게 되어 있습니다. 금은은 가장 값진 물건이었기 때문에 귀한 곳에 썼습니다. 보통은 우상을 만들고 그것을 치장하는 데 썼는데, 그것을 하나님 앞에 바치라고 요구합니다. 즉 우상을 섬기지 말라는 것입니다.

동철은 무기를 만드는 데 사용되는 금속이지만, 이스라엘 민족에게는 무기를 만드는 것이 금지되어 있었습니다. 또 이스라엘 백성은 농경용 말은 가질 수 있어도, 군사용 말은 기르지 못했습니다. 무기도 허락되지 않았습니다. 이 나라의 국방력은 칼이나 활이나 말에 있지 않고 하나님의 손에 있다는 사실을 삶을 통해 보여 주던 민족이기 때문입니다. 그래서 다윗도 이방 민족을 치고 전리품을 가지고 올 때 말 뒷발의 힘줄, 즉 아킬레스건을 끊습니다. 아킬레스건이 끊긴 말은 발에 힘이 없으니 쓸모가 없습니다.

이런 내용들이 하나님의 자녀들이 가져야 하는 신앙의 기본 원리였습니다. 그런데 아간은 그 명령을 어기고 손대지 말라고 한 물건을 탐내어 가집니다. 그가 훔친 것이 여호수아 7장 21절에 기록되어 있습니다.

"내가 노략한 물건 중에 시날 산의 아름다운 외투 한 벌과 은 이백 세겔과 그 무게가 오십 세겔 되는 금덩이 하나를 보고 탐내어 가졌나이다 보소서 이제 그 물건들을 내 장막 가운데 땅 속에 감추었는데 은은 그 밑에 있나이다 하더라."

아간은 물건들을 취했고 그 일로 큰 사고를 만납니다. 아간과 라합은 차이가 있습니다. 성경에는 라합의 이전 반생애에 대한 기록이 없고 구원받은 후의 반생애에 대한 기록만 있습니다. 라합은 누구의 자녀이며 누구의 손녀인지 기록이 없습니다. 다만 "살몬은 라합에게서 보아스를 낳고 보아스는 룻에게서 오벳을 낳고 오벳은 이새를 낳고 이새는 다윗 왕을 낳으니라"라는 기록만 있습니다. 라합의 전반기를 설명하는 족보가 없습니다. 인생 전반기에는 기생이었으나 후대에는 그가 보아스를 낳고 보아스는 오벳을 낳고 오벳은 이새를 낳고 이새는 다윗을 낳습니다.

아간은 다릅니다. 여호수아 7장 1절을 다시 보면 '이스라엘 자손들이 온전히 바친 물건으로 말미암아 범죄하였으니 이는 유다 지파 세라의 증손 삽디의 손자 갈미의 아들 아간이 온전히 바친 물건을 가졌음이라'라는 범죄 기록이 나옵니다.

'세라'라는 이름은 '새싹, 떡잎'이라는 뜻입니다. '삽디'는 '하나님만이 좋은 것을 주시는 분, 하나님만이 은혜를 베푸시는 분'이라는 뜻입니다. 아간의 아버지 '갈미'는 '풍성한 수확, 풍성한 열매'라는 뜻을 지녔습니다. 이제 자명해졌습니다. 싹이 나고 잎이 난 다음 열매를 맺습니다. 싹이 나고 그 싹이 자라서 열매까지 맺으니 그다음에 남은 것은 영광입니다. 그런데 공교롭게도 '아간'은 '사고뭉치'라는 뜻입니다.

아간은 영광과 행복과 기쁨과 존귀를 누려야 할 자리에 들어선 사람인데 실패와 말썽으로 그때까지 이룩한 모든 여건을 전부 다 끊어 버렸습니다. 그래서 아간의 후손은 그 이름이 기록되어 있지 않습니다. 아간에서 대가 끊어졌기 때문입니다.

라합의 경우는 구원받기 이전의 이야기가 없습니다. 그의 아버지가 누구인지, 할아버지가 누구인지 알 수 없습니다. 그런데 뒷부분은 다 나와 있습니다. 라합은 보아스를 낳고 보아스는 오벳을 낳고 오벳은 이새를 낳고 이새는 다윗을 낳았다고 되어 있습니다. 앞부분은 좋았다가 뒷부분은 나빠지는 것보다 영광된 뒷부분만 있는 쪽이 낫습니다.

우리 생애는 어떠해야 합니까? 앞은 아간과 같아도 뒤는 라합과 같아야 합니다. 여호수아 6장 25절을 보면 라합 이야기에서 아간과 비교되는 점을 발견할 수 있습니다. '여호수아가 기생 라합과 그의 아버지의 가족과 그에게 속한 모든 것을 살렸으므로 그가 오늘까지 이스라엘 중에 거주하였으니.' 라합과 그 후손들은 행복하게 살았다고 합니다.

7장 25절을 보면 아간의 끝은 이렇습니다. '여호수아가 이르되 네가 어찌하여 우리를 괴롭게 하였느냐 여호와께서 오늘 너를 괴롭게 하시리라 하니 온 이스라엘이 그를 돌로 치고 물건들도 돌로 치고 불사르고 그 위에 돌 무더기를 크게 쌓았더니.' 멸망의 돌무더기가 오늘날까지 있다고 합니다.

가장 불행하게 산 신자의 삶이 바로 이런 삶이라고 생각됩니다.

저는 어려서부터 신앙생활을 해 오면서 불쾌하게 생각했던 것이 있습니다. 교회에만 가면 천국 이야기로 공감을 치는 것입니다. "당신 그따위로 놀면 지옥에 갑니다. 헌금 바치라고 할 때 바쳐야 천국에 갑니다." 이런 거짓말만 하고 삶에 대한 말씀은 해 주지를 않았습니다. 죽은 후에 대해서만 이야기하고 지금에 대한 이야기가 없었습니다. 죽어서 천국 가는 이야기 말고 살아 계신 하나님에 대한 이야기와 그분을 믿는 자들은 지금을 어떻게 살아야 하는지에 대한 내용이 없었습니다.

아브라함 링컨이 국회의원 선거 유세를 하러 갔는데 다른 당 후보자와 합동 연설을 하기로 했습니다. 다른 후보자가 연설을 하는데 사람들이 다 졸고 듣지 않았습니다. 그는 사람들의 공감을 사야겠다고 생각해서 갑자기 이런 이야기를 했습니다. "여러분, 천국 가고 싶은 사람은 손을 드십시오." 그런데 조느라고 몇 명밖에 손을 들지 않았습니다. 그러자 그는 화가 나서 소리를 질렀습니다. "여러분, 지옥 가고 싶지 않으면 손을 드십시오." 그랬더니 모두 손을 들었습니다. 이때 링컨은 손을 들지 않았습니다. 그래서 그는 이제 링컨을 묵사발로 만들 때라고 생각하고 "링컨 당신은 천국에 가지 않고 어디를 가고 싶은 것입니까?" 이 물음에 링컨은 천연덕스럽게 대답했습니다. "당신은 천국으로 가시오. 나는 국회로 가겠습니다."

국회의원 선거를 하다가 갑자기 천국 이야기를 왜 꺼냅니까. 신자들이 '사는 이야기'를 못하고 있습니다. 살아가는 현장 이야기는 없고 죽은 다음의 이야기만 합니다. "그날 나팔 소리와 함께 천사들과 예수님이 나타나서 저 나쁜 놀부 형을 죽일 것이고 저 놀부의 형수도 죽일 것이고 흥부나 그의 아들딸은 살리시리라…… 아멘." 모두가 이런 이야기만 합니다. 그러니 신자 된 도리와 두려움과 힘과 능력에 관한 이야기가 삶의 현장에서는 도무지 맥을 못 추는 것입니다. 모두 보험만 들어 놓고 보험료 납부하러 교회에 나오는 식입니다. 신앙을 누리는 사람이 없습니다.

아간은 대단한 사람이었습니다. 유다 지파입니다. 유다 지파라고 하면, 우리나라 역사로 이야기할 때 고려시대의 최(崔)씨, 신라시대의 박(朴)씨, 이조시대의 안동 김(金)씨와 같은 족속입니다. 그는 대단한 가문의 사람이었습니다. 그런데 후손이 없습니다. 후손이 없는데 대단한 가문이면 무슨 소용입니까. 좋은 할아버지, 좋은 아버지를 두고 자기는 고인돌이 되지 않았습니까.

우리 삶이 전반부는 아간이 되고 후반부는 라합이 되면 얼마나 좋겠습니까. 우리는 안타깝게도 거꾸로 삽니다. 그래서 우리 이름은 '라간'입니다. 전반부는 라합이고, 후반부는 아간입니다. 이 무슨 끔찍한 생애입니까. 앞에는 기생같이 살다가 후에는 돌무더기가 되어서 돌아가니 이 무슨 망발입니까. 성경은 이들의 이야기를 통해 우리에게 어떻게 살 것인지 묻습니다.

물론 아간의 멸망이 구원의 취소를 상징하는 것은 아닙니다. 우리는 그런 족속이 아닙니다. 우리는 이미 구원 얻은 사람으로서 이 메시지를 받았습니다. 성경은 구원을 얻고도 타잔같이 살 수 있다고 말하는 것입니다. "아~" 하고 타잔의 비명 소리나 흉내 내면서 살다가 죽는 사람과 존귀와 영광의 자리까지 갈 수 있는 사람, 두 길을 제시합니다. 죽어서가 아니라 삶에서 가야 할 길을 말하는 것입니다. 죽은 후의 이야기는 그다음 문제입니다.

제가 학교 다닐 때는 문교부 장관이 6개월마다 바뀌었습니다. 처음에는 문교부 장관이 '한문을 배워라'라고 했습니다. 그러다가 장관이 바뀌면 '주체성이 없다. 배우지 말아라'라고 했습니다. 그다음 장관은 또 '배울 것은 배워야 한다'라고 했습니다. 이렇게 주장이 다른 장관들로 다섯 번쯤 바뀌다 보니까 한문을 배울 틈이 없었습니다. '하늘 천 따지 검을 현 누를 황'까지 배우고 '집 우 집 주'도 배우기 전에 끝나고 말았습니다. 그랬더니 신문을 봐도 모르는 한문이 많습니다. 그래서 동창회를 할 때마다 "우리가 그 아무개 문교부 장관 때문에 한문을 모르게 되었다"라고 푸념합니다. 문교부 장관이 바뀔 때마다 교육 정책도 6개월마다 바뀌는 것 때문에 우리가 한문을 못 배웠을지라도, 어쨌든 모르는 것은 우리입니다. 내 손해입니다. 내가 답답한 것입니다. 한문을 못 배운 것이 장관의 책임이라고 해도 어쨌든 모르는 것은 나입니다.

동일한 경고입니다. 각자의 삶은 각자의 것입니다. 하나님 앞에 각자의 삶이 있을 뿐입니다. 그것을 라합 같이 사느냐 아간 같이 사느냐는 각자의 책임입니다. 이것을 확인해야 합니다.

우리 교회가 좋고, 우리 목사님이 좋다는 것으로 다가 아닙니다. 좋은 학교를 나왔는데 성공하지 못한 것은 그만큼 더 바보라는 이야기입니다. 좋은 학교 나왔는데 별 볼일 없는 것은 불행합니다. 학교를 나오지 못해도 훌륭한 사람이 되는 편이 낫습니다. 좋은 과거를 가지면서 좋은 미래도 갖는 것이 가장 좋습니다. 그래서 우리는 '라간'이 아니라 '아합(아간+라합)'이 되어야 합니다.

우리 생애는 하나님이 허락하신 시간 동안에 전진하여 목적지까지 도달할 책임이 있는 인생임을 명심해야 합니다. 그 길을 걸어야 합니다. 아간이 우리에게 주는 교훈입니다. 한 군데 더 살펴볼 대목이 있습니다. 여호수아 7장 4절부터 봅시다. "백성 중 삼천 명쯤 그리로 올라갔다가 아이 사람 앞에서 도망하니 아이 사람이 그들을 삼십육 명쯤 쳐죽이고 성문 앞에서부터 스바림까지 쫓아가 내려가는 비탈에서 쳤으므로 백성의 마음이 녹아 물 같이 된지라"(수 7:4-5).

아이 성 전투는 실패를 낳습니다. 아간 한 사람에게만 문제가 된 것이 아니라 이스라엘 민족 전체에 비극을 가져왔는데, 그 비극은 엄청난 것이었습니다. 아이 성 전투에 지고 이스라엘 백성의 마음이 녹았다고 합니다. 마음이 녹았다는 말은 어디서 들은 것 같지 않습니까? 이스라엘의 두 정탐꾼을 맞이했던 기생 라합이 했던 말입니다. '우리가 듣자 곧 마음이 녹았고'라고 했습니다.

가나안 족속은 이스라엘 백성이 가나안으로 진군한다는 소식을 듣고 혼비백산했습니다. 이스라엘 백성이 얻을 수 있었던 승리를 왜 놓쳤는지 기억해 보십시오. 이스라엘은 "우리는 못 들어간다. 못 싸운다" 하며 전투를 거부했습니다. 상대는 이미 패배한 마음의 상태인데 들어가지 않아서 이기지 못한 싸움이었습니다. 40년 동안 광야 생활을 마치고 들어가서 여리고 성을 무너뜨렸습니다. 단지 열세 바퀴를 돌아서 성을 무너뜨렸습니다. 힘이 날 대로 나서 지금 아이 성에 들어 갔습니다. "보잘 것 없는 성이다. 다 갈 필요도 없다. 3천 명만 보내자" 라고 해서 3천 명만 갔습니다. 그런데 이 싸움에서 지고 맙니다. 이 사건으로 가나안 원주민들이 담력을 얻습니다. 이 사건 때문에 이스라엘 민족은 간담이 내려앉습니다. 이를 기점으로 이스라엘 백성은 가나안 족속을 다 쫓아내지 못하는 지경에 이릅니다.

우리는 어떤 사람들입니까? 신자란 부름받은 사람들입니다. 성경에는 '마귀가 우는 사자같이 두루 다니며 삼킬 자를 찾'는다고 합니다. 이 말씀은 마귀를 두려워하라는 뜻이 아닙니다. 문제는 우리가 이룰 수 있는 승리를 놓치고 있다는 데 있습니다. 이스라엘 백성이 가나안 입국을 거부하는 것과 같습니다. 여호수아는 이렇게 사건을 풉니다. 7장 19절입니다. '여호수아가 아간에게 이르되 내 아들아 청하노니 이스라엘의 하나님 여호와께 영광을 돌려 그 앞에 자복하고 네가 행한 일을 내게 알게 하라.'

이 말씀을 명심하십시오. '하나님 여호와께 영광을 돌려 그 앞에 자복'하라고 합니다. 아이 성 전투에서 실패로 말미암아 이스라엘과 하나님의 이름이 완전히 먹칠을 당합니다. 하나님의 힘이 부족해서가 아닙니다. 하나님의 능력이 없어서가 아닙니다. 아이 성 사람들의 힘이 세서도 아닙니다. 이스라엘 백성이 하나님 앞에 저지른 범죄로 하나님이 그들을 치기 위해 하나님 자신이 치욕을 감수하십니다. 우리를 향한 사랑의 손길입니다. 자신의 명예와 이름이 대적에게 먹칠 당하는 것을 감수하면서까지 자녀의 삶에 들어오셔서 개입하시는 그분의 열심을 아십니까?

우리는 어떻게 살고 있습니까? 오늘날 하나님의 이름이 이 땅과 우리 사회와 이웃들 앞에서 먹칠당하는 이유가 무엇입니까? 하나님이 하나님이 아니기 때문입니까? 하나님이 힘이 없기 때문입니까? 아닙니다. 하나님이 당신의 영광을 그대로 존속시키신다면 우리는 이미 고인돌이나 선돌이 되고 말았을 것입니다. 우리의 죄악을 지적하시고 고치시기 위해 당신의 영광이 땅에 떨어지는 것까지 감수하신다는 사실에 놀라야 합니다. "내 아들아, 하나님 여호와께 영광을 돌려라. 네 죄를 자복해라. 네가 잘못해서 이 일이 생겼다는 것을 너 스스로도 알아야 하고 모든 사람도 알아야 한다." 이 가르침이 우리의 생애에 있어야 합니다.

우리는 조만간 인생을 마치고 하나님 앞에 돌아갈 것입니다. 그 때 누구나 하나님의 심판대 앞에 섭니다. 멸망과 구원의 심판대에 서는 것이 아니라 인생을 어떻게 보냈는지, 행위의 심판을 받는 자리에 설 것입니다. 거기서 우리는 여호수아의 책을 다시 읽게 될 것입니다. 보잘것없는 필부가 하나님 앞에 순종하여 얼마나 큰 역사를 이루었는지 기억하십시오. 거기서 우리는 라합의 책도 다시 볼 것입니다. 한 기생이 하나님 앞에 돌아와 무릎 꿇고 그의 생애를 어떻게 복되게 살았는지 보게 될 것입니다. 아간의 책도 볼 것입니다. 우리 각자의 이름으로 기록된 책도 볼 것입니다. 나는 어떤 생애를 마무리 지어 그 앞에 설 것인지 생각해야 합니다.

우리는 구원 얻어 지옥 불에 던져지지 않고 천국에 간다는 사실만으로 부름받은 사람들이 아닙니다. 하나님의 자녀이기 때문에, 우리에게 주어진 시간 동안 얼마큼 하나님의 자녀로서 그분의 약속들을 누리며 그분이 요구하는 성장을 계속해 왔는가를 평가받을 것입니다. 이를 위하여 우리에게 인생이 주어져 있습니다. 놓치지 말아야 합니다. 절대 허비해서는 안 됩니다. 외면해서도 안 됩니다.

우리 인생이 아간처럼 되지 않기 위하여, 라합 같기 위하여, 그 영광의 자리에 서기를 원하고 하나님이 우리를 그 자리로 부르신 줄 아는 감격이 있어야 합니다. 그것이 우리의 발걸음과 생활을 바꿔 놓는 신앙고백이 되어야 합니다. 모두 하나님 앞에 각자의 이름과 인생이 담긴 책이 지금도 지어져 가고 있음을 알고, 그 긴장이 마음을 움직여 각자의 생애에서 더 분발하며 나아가기를 바랍니다.

신자의
성숙

#*18*

/

20 오직 너희는 그리스도를 그같이 배우지 아니하였느니라   21 진리가 예수 안에 있는 것 같이 너희가 참으로 그에게서 듣고 또한 그 안에서 가르침을 받았을진대   22 너희는 유혹의 욕심을 따라 썩어져 가는 구습을 따르는 옛 사람을 벗어 버리고   23 오직 너희의 심령이 새롭게 되어   24 하나님을 따라 의와 진리의 거룩함으로 지으심을 받은 새 사람을 입으라 (에베소서 4:20-24)

신앙생활의 성숙에 대해 많은 내용을 나누었습니다. 우리가 예수를 믿으면 하나님의 자녀가 되고 새 생명을 얻었으므로 당장 죽어도 천국에 갑니다. 우리는 분명히 천국에 가서 살도록 약속되어 있는데 하나님이 지금 우리를 데려가지는 않으십니다. 이 부분에서 우리는 많은 갈등을 겪게 됩니다.

죽기 5분 전에 하나님이 찾아오시면 좋을 텐데 어렸을 때 찾아오셔서는 천국에는 데려가지 않으십니다. 그렇다고 잘 먹고 잘살게 해 주지도 않으십니다. 자녀는 시험에 떨어지고 김장을 끝내 놓으면 날이 따뜻해집니다. 어떻게 해야 할지 모르겠습니다. 예수 믿은 보람이 없는 것 같습니다. 수많은 방황을 합니다. 이 문제를 어떻게 대해야 하는지 지금까지 살펴보았습니다.

하나님은 우리가 출생할 때부터 이미 우리에게 생명을 주시고 우리의 신분을 결정해 주셨습니다. 우리가 그 신분에 걸맞게 얼마큼 완성되는지는 출생 이후의 문제입니다. 세상에서는 태어나면 가문과 부모의 지위에 따라 자녀의 지위가 결정되곤 합니다. 그렇지만 그가 어떤 사람이 되는지는 다른 문제입니다.

우리가 잘 아는 강화도령은 일자 무식쟁이로 자라다가 혈통을 따라 철종이 되어 이 나라의 왕으로 행세했던 시절이 있었습니다. 그가 왕의 혈통으로 태어난 것과 왕답게 살았는지는 별개 문제입니다. 이 문제에 대해 지금까지 생각해 보았습니다. 본문 말씀에서 우리에게 가장 중요한 내용은 24절에 있습니다. "하나님을 따라 의와 진리의 거룩함으로 지으심을 받은 새 사람을 입으라."

우리에게 새 생명을 가지라는 것이 아닙니다. 새 생명은 아무도 가질 수 없습니다. 스스로 출생하는 사람은 없습니다. 출생될 뿐입니다. 출생된 자로서 자라야 하는 문제가 있을 뿐입니다. 우리에게 이 문제가 늘 어려운 이유에 대해 생각해 보려고 합니다.

신앙 성장을 방해하는 것은 무엇입니까? 우리는 잘하고 싶은데 그렇게 될 수 없는 현실입니다. 누구나 하나님 약속대로 살고 싶어 합니다. 그러나 그렇게 되지 않음을 고백합니다. 그렇게 살아야 좋다는 것을 알면서도 그렇게 안됩니다. 왜 안되는 줄 아십니까? 이것은 굉장히 중요한 이야기입니다. 할 줄 몰라서 안되는 것이 아닙니다. 하면 좋은 줄 몰라서 안되는 것도 아닙니다. 예를 들어 밥을 많이 먹으면 체중이 늘어난다는 것을 누가 모르겠습니까. 하지만 밥이 안 넘어 가는데 어떻게 먹습니까? 이것이 문제입니다. 밥만 보면 징그러운데 어떻게 먹습니까. 그럼 못 먹습니다. 흰 쌀밥이 전부 구더기같이 보이면 못 먹습니다. 어떤 사람은 구더기를 보아도 찹쌀 같다고 합니다. 그러면 살찌는 것입니다. 문제는 우리에게 열정이 없다는 것인데, 그렇다고 열정을 일으키자는 것은 답이 아닙니다. 여기가 미묘한 지점입니다.

감정에 관한 문제가 아니라 생각에 관한 문제이며 책임에 관한 문제입니다. 신앙의 본질이 무엇이라고 생각합니까? 우리는 '믿음' 하면, 저 깊은 곳에서부터 솟구쳐 올라오는 용암 같은 것이라고 생각하곤 합니다. 하나님 뜻대로 살고 싶은 욕망이 저 깊은 곳에서부터 끓어 올라오는 것이라고 생각하지만 사실 그런 것이 아닙니다.

그럴 수 있는 사람은 하나님의 아들, 예수님 외에 없습니다. 그 외에는 없습니다. 아무도 그렇지 않았습니다. 신앙이란 나도 모르게 속에서부터 생겨나는 신비한 힘이 아닙니다. '생각하는 것'입니다. 마태복음 6장 26절부터 봅시다.

"공중의 새를 보라 심지도 않고 거두지도 않고 창고에 모아들이지도 아니하되 너희 하늘 아버지께서 기르시나니 너희는 이것들보다 귀하지 아니하냐 너희 중에 누가 염려함으로 그 키를 한 자라도 더할 수 있겠느냐 또 너희가 어찌 의복을 위하여 염려하느냐 들의 백합화가 어떻게 자라는가 생각하여 보라 수고도 아니하고 길쌈도 아니하느니라 그러나 내가 너희에게 말하노니 솔로몬의 모든 영광으로도 입은 것이 이 꽃 하나만 같지 못하였느니라 오늘 있다가 내일 아궁이에 던져지는 들풀도 하나님이 이렇게 입히시거든 하물며 너희일까보냐 믿음이 작은 자들아"(마 6:26-30).

여기서 가장 중요하게 생각해 볼 단어는 '하물며'입니다. 우리는 성경을 읽을 때, 인격자가 인격자를 향하여 하는 말씀이라는 생각을 놓치기 쉽습니다. 성경은 명령서가 아닙니다. 난수표도 아닙니다. 여기 있는 말씀대로 살라는 정도의 글이 아닙니다. 그 이상의 글입니다. 시를 읽을 때는 행간을 읽을 줄 알아야 합니다. 글과 글 사이를 읽을 줄 알아야 합니다.

예를 들면, 자녀가 시험을 엉망으로 보고 오자 부모가 나가라고 했습니다. 그러자 아들이 '부모님이 공부 열심히 하라고 했을 때 나는 순종하지 않았다. 오늘 나가라고 하는 말씀만은 순종하자'라고 생각해서 나갔다고 합시다. 이런 아들을 청개구리라고 하지 않습니까.

성경은 한 말씀, 한 말씀이 인격자가 인격자를 향하여 하는 말이라는 것을 염두에 두고 읽어야 합니다. 성경은 인격성에 바탕을 둔 논리로 가득 차 있습니다. '공중의 새'를 들먹이며, '들의 백합화'를 들먹이는 것은 '하물며 너희일까보냐'라는 말을 하기 위해서입니다. 앞에 있는 이야기를 들먹인 것은 뒷부분 때문입니다. '믿음이 작은 자들아, 이 어리석은 자들아' 하며 꾸중하고 있습니다. 믿음이란 생각하는 것입니다. "공중의 새를 보라 그가 보험을 들었느냐? 창고가 있느냐? 투자한 땅이 있느냐? 그러나 하나님이 먹이신다."

26절에서 중요한 것은 '너희 하늘 아버지께서 기르시나니'입니다. 참새에게는 아버지가 아닙니다. 참새에게는 하나님일 뿐입니다. 우리에게만 아버지입니다. "너희 하늘 아버지께서 참새도 기르시는데, 너희에게는 아버지가 아니냐?" 그래서 '하물며'라는 말이 나옵니다.

믿음이란 깊은 곳에서부터 탄산수가 끓어오르듯이 올라오는 감동이 아닙니다. 생각해 보는 것입니다. 신앙은 확률 싸움이 아닙니다. 도박은 요행수를 걸고 희박한 확률로 싸우는 것입니다. 하나님은 그렇게 일하지 않으십니다. 내일 아침 남쪽에서 해가 뜰 확률은 몇입니까? 그럴 확률은 없습니다. 이것은 자연법칙입니다. 해는 늘 동쪽에서 뜹니다. 그러니 남쪽에서 뜰 확률은 제로입니다. 그렇다면 서쪽에서 뜰 확률은 마이너스 무한대입니다. 신앙은 이렇게 말하는 것입니다. "해가 서쪽에서 뜨는 한이 있어도 예수님은 그럴 리가 없어." 이것이 신앙입니다. '천지는 없어지겠으나 그의 말씀은 없어지지 아니하리라.' 신앙은 저 밑에서 올라오는 온천수 같은 것이 아니라 생각하는 것입니다. 생각의 기준은 하나님이 하신 약속에 있습니다. 여기서부터 우리의 신앙은 헛갈리게 됩니다.

"믿음으로 삽시다"라는 이야기를 할 때마다 모두가 그런 욕망과 열심이 없기 때문에 발자국을 내딛지 않습니다. 생각하는 훈련을 하지 않기 때문입니다. 우리 생각은 전부 보이는 것에 한정되어 있습니다. 철학을 전공하신 김형석이라는 교수님이 있습니다. 이분이 어느 날 강의를 하러 가는데 늦고 말았습니다. 그래서 마구 뛰어가다가 내가 교수인데 내가 가야 시작할 것 아닌가, 하는 생각이 들어서 뛰던 자기 모습이 우스워졌다고 합니다. 이후 마음을 느긋하게 먹고 가는데 한 학생이 땀을 뻘뻘 흘리면서 교수님을 추월해 가더랍니다. 보니까 자기 수업을 듣는 학생이었습니다. 교수도 아직 안 갔는데 바쁘게 가는 것이 기특해서 불렀답니다.

"학생은 왜 이리 바삐 가는가?"

"공부하러 갑니다."

"공부해서 뭐하려고?"

"훌륭한 사람이 되려고 합니다."

"훌륭한 사람이 되면 뭐가 이익인가?"

"행복한 가정을 이루어 잘 먹고 잘 살고자 합니다."

"그럼 무엇이 되는고?"

연이은 질문에 학생은 짜증이 나서 "죽지요"라고 했습니다. 그 대답에 김 교수님은 깨달음을 얻었습니다. 무엇을 깨달은 것일까요? "오! 너는 무덤을 향하여 그렇게도 바삐 뛰어가는구나." 우리는 이 간단한 생각을 하지 않습니다. 장례식에 가면 온통 산 사람이 죽은 사람을 위해 우는 것을 볼 수 있습니다. 마치 군에 남아 있는 현역병들이 제대하는 이들을 보면서 "사회에 나가면 어떻게 하려고 그러십니까?" 하고 슬퍼하는 것과 같습니다. 이상하게도 믿는 사람들이 천국에 간 이들을 보고 부러워하지 않습니다. 모두들 "먼저 돌아가셔서 어쩌나" 하고 서러워합니다. 우스꽝스러운 일입니다. 죽은 사람이 남아 있는 사람들을 보고 "얘들아, 너희 남은 생애 동안 열심히 살다 오너라"라고 하는 줄 모릅니다. 우리에게 신앙의 논리가 너무나도 심하게 결여되어 있기 때문입니다.

우리가 믿고 의지하는 것이 무엇입니까? 우리는 하나님 아버지가 천지 만물을 창조하시고 인간의 생사화복을 주장하신다고 고백합니다. 그런데 그렇게 살지는 않습니다. 보이는 것 외에는 생각할 줄 모르기 때문입니다.

우리가 하나님의 계획과 요구에 순종해야 하는 종이라는 것을 분명히 알아야 합니다. 이것이 신앙 성장에 있어서 출발점입니다. 에베소서 4장 1절을 봅시다. "그러므로 주 안에서 갇힌 내가 너희를 권하노니 너희가 부르심을 받은 일에 합당하게 행하여."

생각만 하지 말고 행하십시오. 행하기 위해서 생각하십시오. 우리가 예수를 믿고 이 길에 들어온 것은 마음에 감동과 기쁨이 있기 때문입니다. 그것은 바로 하나님이 우리에게 수놓아 주신 아름다움입니다. 그러니 행해야 합니다. 11절에서는 이렇게 말씀합니다.

"그가 어떤 사람은 사도로, 어떤 사람은 선지자로, 어떤 사람은 복음 전하는 자로, 어떤 사람은 목사와 교사로 삼으셨으니 이는 성도를 온전하게 하여 봉사의 일을 하게 하며 그리스도의 몸을 세우려 하심이라 우리가 다 하나님의 아들을 믿는 것과 아는 일에 하나가 되어 온전한 사람을 이루어 그리스도의 장성한 분량이 충만한 데까지 이르리니"(엡 4:11-13).

온전한 사람을 이룬다는 말은, 그 일에 꼭 맞는 사람으로 만든다는 뜻입니다. 잘 생각해 보아야 합니다. 내 인생이 내 계획 안에 있고 내가 그 일에 맞는 사람이 되기를 하나님이 요구하시는지, 하나님이 나에게 요구하신 길이 있고 내가 그 일에 꼭 맞는 사람이 되어야 하는지, 둘 중 하나입니다.

《아라비안나이트》에 나오는 '알라딘과 요술 램프' 이야기를 생각해 봅시다. 알라딘이 램프를 문지르면 마왕이 나와서 알라딘이 요구하는 대로 무엇이든 이루어 줍니다. 능력은 마왕에게 있지만 주인은 알라딘입니다. 우리가 하나님을 어떻게 이해하고 있는지 이 이야기와 비교해서 생각해 보아야 합니다. 우리가 혹시 하나님을 우리의 소원을 들어주는 마왕 정도로 생각하지는 않는지 돌아보아야 합니다.

하나님에 대하여 어떤 점을 가장 많이 알고 있습니까? 앉은뱅이를 고치신 하나님, 나병을 고치신 하나님으로만 알고 있지는 않습니까? 우리는 하나님이 무엇을 위하여 우리를 부르셨는지 모릅니다. 그는 선하시며 자비로우시며 오래 참으시며 나를 지극히 사랑하셔서, 나를 통하여 그의 일을 이루고 싶어 하신다는 점에 대해서는 모릅니다. 그가 아들을 보내면서까지 우리를 구원하시는 분이라는 대목에 대해서는 별로 관심이 없습니다. 그 목적을 이루기 위해 아들의 생명을 없애는 대가를 치르기까지 하신 그분의 열심에 대해서 우리는 너무 모릅니다.

예수님은 하나님의 뜻을 완전히 이루신 분입니다. 우리는 예수 그리스도의 죽으심으로 말미암아 구원 얻은 백성이라고 선포된 사람들입니다. 그런데도 그분이 지금 하나님 우편에 앉아 계시다는 사실에 대해서는 별로 관심이 없습니다. 그분의 죽으심으로 우리가 구원을 얻었다는 것은 끝이 아닙니다. 구원 얻은 모든 사람은 하나님 앞에서 살아야 합니다. '하나님의 눈앞에서 평가받을 것이다. 예수 그리스도의 죽음은 우리에게 구원을 얻게 하는 죽음이었으며, 하나님 앞에서 최고로 평가받는 삶이었다.' 이것이 성경의 선언입니다.

예수님이 경멸과 오해와 수치와 고통 속에서 죽으신 것은 하나님 앞에서 가장 칭찬받은 일이었습니다. 하나님은 그를 지극히 높여 우편에 앉히셨습니다. 우리는 이 대목을 잘 기억하지 않습니다. '예수 그리스도의 죽음을 믿습니다. 그래서 오늘 저는 하나님의 자녀입니다. 지금 죽어도 늠름합니다'라고 생각합니까? 하지만 우리 삶은 전혀 늠름하지 않습니다. 아직 '팬티'도 완성되지 않았습니다. 고무줄이 없습니다. 붙잡고 다녀야 할 천 밖에 없습니다. 놓으면 흘러내릴 텐데 어떻게 할 것입니까?

우리의 삶이 어때야 하는지 모르고 있습니다. 예수 그리스도의 죽음으로 부름받았습니까? 그가 하나님의 보좌 우편에 앉아 계시다는 선언에 대하여 새삼스럽게 놀라야 합니다.

고등학교 시절에 재미있는 이야기를 읽은 기억이 납니다. 한 사람이 여행하다가 어느 마을에 이르자 날이 저물었습니다. 마을에 있는 어느 집 문을 두드리면서 주인에게 이렇게 청했습니다. "지나가는 길손인데 날이 저물었으니 하룻밤 유숙하게 해 주십시오." 그러자 주인이 대답했습니다. "우리 집은 여관이 아닙니다. 딴 데로 가 보십시오." 그러자 길손이 물었습니다. "이 집은 누구의 집입니까?" "저의 아버지가 제게 물려준 집입니다." "그 이전에는 누가 사셨습니까?" "저의 조부모님이 사셨습니다." "그런데 여관이 아니라고요? 당신 조부모님도 살다 가시고 당신 부모님도 살다 가시고 이제 당신이 살다 죽으면 당신 자손한테 물려줄 것인데 먼저 장기 투숙하고 있다고 나중에 온 사람을 괄시합니까?"

생각해 볼 이야기입니다. 우리는 언제나 자기가 서 있는 현실 외에는 시선을 두지 못합니다. 지금 살아 있으니까 영원히 살 것처럼 생각합니다. 교회에 앉아 있으면 천사처럼 되었다고 착각합니다. 그렇지 않습니다. 하나님이 요구하시는 삶의 원리를 지킬 생각이 있는지 늘 돌아보아야 합니다. 스스로를 채찍질할 수 있어야 합니다.

사도 바울의 고백이 여기서 빛을 발합니다. "내가 내 몸을 쳐 복종하게 함은 내가 남에게 전파한 후에 자신이 도리어 버림을 당할까 두려워함이로다"(고전 9:27). 그가 자기를 쳐서 복종하게 할 수 있는 것은 자기가 하고 싶은 일을 하기 때문이 아니라 너무나 뚜렷한 일을 하기 때문이라고 합니다.

신앙생활에 대해 열심과 환상 속에 빠지는 것이라고 생각하지 마십시오. 공중의 새를 보고 생각하십시오. 들의 백합화를 보고 생각하십시오. 우리는 삶이 내 것이 아니라는 사실을 알고 하나님이 나를 만드셨음을 아는 사람들입니다. 그래서 권합니다. 어떻게 살아야 하는지 생각하십시오. 그리고 자기를 쳐 복종하십시오. 마음에서 온천수가 나오기까지, 용암이 분출되기까지 기다린다는 것은 말도 안 되는 핑계입니다. 우리가 누구인지, 내가 누구인지, 어떻게 살아야 하는지 생각하고 당연히 해야 할 신앙고백으로 무릎 꿇는 복된 결심이 서기를 바랍니다.